Pe. Flávio Sobreiro

SETENÁRIO DAS DORES DE NOSSA SENHORA DAS LÁGRIMAS

EDITORA
SANTUÁRIO

Direção editorial:
Edvaldo Manoel Araújo, C.Ss.R.

Conselho editorial:
Domingos Sávio da Silva, C.Ss.R.
Jônata Schneider de Andrade, C.Ss.R.
Lucas Emanuel Almeida, C.Ss.R.
Márcio Fabri dos Anjos, C.Ss.R.
Marco Lucas Tomaz, C.Ss.R.
Thiago Costa Alves de Souza, C.Ss.R.

Coordenação editorial:
Ana Lúcia de Castro Leite

Copidesque:
Luana Galvão

Revisão:
Sofia Machado

Diagramação e Capa:
José Antonio dos Santos Junior

Os textos bíblicos foram extraídos da Bíblia de Aparecida,
Editora Santuário, 2006.

ISBN 978-65-5527-443-1

1ª impressão

Rua Pe. Claro Monteiro, 342 – 12570-045 – Aparecida-SP
Tel.: 12 3104-2000 – Televendas: 0800 016 00 04
www.editorasantuario.com.br
vendas@editorasantuario.com.br

INTRODUÇÃO

Sejam louvados Jesus e Maria!

A cada dia, a devoção a Nossa Senhora das Lágrimas se torna mais conhecida e amada. Com o intuito de auxiliar os inúmeros devotos, elaborei este livro de oração: Setenário das Dores de Nossa Senhora das Lágrimas, inspirado nas sete dores de Nossa Senhora. Em revelações à Irmã Amália de Jesus Flagelado, Nossa Senhora das Lágrimas compartilhou com a vidente suas sete dores, com mensagens extremamente profundas.

Ao trazer a você este subsídio de oração, desejo que, por meio das orações, possamos consolar o Imaculado Coração de Maria: "Quem quiser consolar meu coração medite em minhas Dores. Ó almas que sofreis, vinde junto de meu coração, aprendei comigo a sofrer. É junto de meu coração traspassado por sete espadas que achareis consolação[1]!"

---

[1] CRUCIFICADO, *Missionárias de Jesus, Glórias e Poder de Nossa Senhora das Lágrimas.* 1ª edição. São Paulo, SP: Editora Imaculada, 2023, p. 94.

Lembro ainda a quem este livro chegar que as "revelações particulares não pertencem ao depósito da fé" (Catecismo da Igreja Católica, 67); por isso o fiel é livre para nelas crer ou não. Afinal, "a Igreja não pode impor à crença dos fiéis nem o presumido fato de uma aparição, nem o teor da respectiva mensagem"[2].

Como não me lembrar, ao redigir esta obra, da incansável apóstola das Lágrimas de Maria, Rita Elisa Sêda, que, com imenso e incansável ternura e fé, leva essa devoção a todos aos quais seus livros, sua voz, seu coração, suas mãos e seu amor à Virgem Maria conseguem alcançar. Sou grato a essa querida amiga, que me orienta e me auxilia no amor a Nossa Senhora das Lágrimas.

Como sugestão, você pode rezar este setenário com sua comunidade, sua família, seus colegas de trabalho ou, até mesmo, sozinho. Pode rezá-lo por sete dias seguidos ou então por sete semanas. O importante é rezar com fé, amor, devoção e piedade.

Ao fim deste livro, disponibilizo algumas orações para auxiliarem você em seus momentos de

---

[2] BETTENCOURT, Dom Estevão, OSB. *Teologia fundamental.* Rio de Janeiro, RJ: Mater Ecclesiae, 2013, p. 145.

oração. Algumas orações foram compostas por Irmã Amália de Jesus Flagelado, Outras orações, por mim, com inspiração nas mensagens de Nossa Senhora das Lágrimas à Irmã Amália.

"Ó Virgem Dolorosíssima, vossas Lágrimas derrubaram o império infernal!"

ORIENTAÇÕES ESPIRITUAIS PARA TODOS OS DIAS

Procure rezar o Setenário das Dores de Nossa Senhora das Lágrimas em um horário tranquilo, no qual não seja interrompido (a). Alguns gostam de rezar logo pela manhã, enquanto todos da casa ainda estão dormindo. Outros preferem outro horário ao longo do dia. Outros ainda rezam à noite, cujo silêncio é maior e facilita a concentração e a oração. Você tem total liberdade para escolher o horário que melhor se adaptar a sua rotina diária.

Em um lugar apropriado (pode ser em seu quarto, na sala ou em outro espaço de sua casa), faça um altar dedicado a Nossa Senhora das Lágrimas. Caso não tenha sua imagem, pode rezar junto à outra da Virgem Maria. Como sugestão, pode usar também um quadro ou um postal de Nossa Senhora das Lágrimas. Adquira uma vela, peça para um sacerdote benzê-la. Esta deverá ser acesa todos os dias (não se esqueça de apagá-la quando terminar de rezar). Tenha junto a esse altar um crucifixo. Se desejar, pode ornamentar o altar com flores. Desligue seu celular ou o deixe longe de você para que não atrapalhe seu momento de oração.

Acalme-se interiormente. Respire e inspire algumas vezes, buscando silenciar-se interiormente. Confie a Nossa Senhora das Lágrimas suas intenções para cada dia. Lembremo-nos da promessa de Jesus Manietado à vidente Irmã Amália de Jesus Flagelado: “Minha filha, tudo o que os homens me pedirem pelas lágrimas de minha Mãe sou obrigado amorosamente a dar”[3]. Agradeça a Ela estar a seu lado neste momento de devoção e oração, intercedendo junto a Jesus por suas necessidades e por todas as demais que talvez alguns familiares ou amigos lhe tenham pedido. Peça a Jesus, pelas Lágrimas de Maria, as graças que necessita alcançar. Em seguida, reze ao Espírito Santo pedindo que seu momento de oração seja um tempo de bênçãos.

“Vinde, Espírito Santo, enchei os corações dos vossos fiéis e acendei neles o fogo do vosso Amor. Enviai o vosso Espírito, e tudo será criado, e reno-

[3] SÊDA, Rita Elisa. *Irmã Amália e a devoção a Nossa Senhora das Lágrimas*. São Paulo, SP: Editora Imaculada, 2022, p. 144.

vareis a face da terra. Oremos: Ó Deus, que instruístes os corações dos vossos fiéis, com a luz do Espírito Santo, fazei que apreciemos retamente todas as coisas, segundo o mesmo Espírito, e gozemos sempre da sua consolação. Por Cristo Senhor Nosso. Amém!”

PRIMEIRA SETENA DAS DORES

Contemplamos, na primeira setena, a primeira dor de Nossa Senhora: a apresentação de Jesus no Templo.

Iniciemos traçando, com fé e confiança, o sinal trinitário:

– **Em nome do Pai, e do Filho e do Espírito Santo.**

No início deste primeiro dia, façamos nosso oferecimento diário a Nossa Senhora das Lágrimas.

Oferecimento diário da alma escrava de Maria[1]

Lembrai-vos, ó Mãe querida,
que sou vossa escrava,
que só aspira dar-vos prazer
e contentar vosso magnânimo coração.

Renovando nesta hora meu oferecimento
De alma escrava, quero lembrar-me
do dever que tenho de vos ser fiel até a morte.
Amém.

Meditemos no texto bíblico abaixo. Não tenhamos pressa. Leiamos com calma. Ouçamos o que Deus nos fala e falemos com Ele. O que esta palavra nos inspira? O que ela nos ensina?

Palavra de Deus

"E, quando se completaram os dias para eles se purificarem, segundo a lei de Moisés, levaram-no a Jerusalém, para apresentá-lo ao Senhor, conforme o que está escrito na lei do Senhor: 'Todo primogênito do sexo masculino seja consagrado ao Senhor'; e, para oferecer em sacrifício, como se prescreve na lei do Senhor, um par de rolas ou dois pombinhos. Havia em Jerusalém um homem chamado Simeão. Era justo e piedoso; esperava a consolação de Israel e o Espírito Santo estava nele. Fora-lhe revelado pelo Espírito Santo que não morreria antes de ver o Messias do Senhor. Movido pelo Espírito, dirigiu-se ao templo e, quando os pais levaram o menino Jesus para cumprirem as prescrições da lei a seu respeito, ele o tomou nos braços e louvou a Deus, dizendo: 'Agora, Senhor, podeis deixar ir em paz vosso servo, conforme vossa palavra, porque meus olhos viram vossa salvação, que preparastes diante de todos os povos, luz para iluminar as nações e glória de Israel, vosso povo'. Seu pai e sua mãe estavam maravilhados com as coisas que dele se diziam. Simeão os abençoou e disse a Maria, sua mãe: 'Este menino vai causar a queda e a elevação de muitos em Israel; ele será um sinal de contradição; a ti própria, uma espada te traspassará a alma, para que se revelem os pensamentos de muitos corações'. Havia lá também uma profetisa chamada Ana, filha de Fanuel, da tribo de Aser. Era de idade muito avançada. Após sua virgindade, vivera sete anos com seu marido, ficou viúva e atingiu a idade de oitenta e quatro anos. Não se apartava do templo, servindo a Deus noite e dia, com jejuns e orações. Chegando naquela mesma hora, ela se pôs a bendizer a Deus e a falar do menino a todos os que esperavam a libertação de Jerusalém. Depois de haverem cumprido todas as prescrições da lei do Senhor, voltaram para a Galileia, sua cidade de Nazaré. O menino, entretanto, ia crescendo e se fortificava, enchendo-se de sabedoria. E a graça de Deus estava sobre ele" (Evangelho de Lucas 2,22-40).

Meditemos agora sobre a primeira dor de Nossa Senhora. Façamos desta meditação uma oração.

Meditação sobre a primeira dor de Nossa Senhora[2]

Nesta primeira dor, vereis como meu coração foi traspassado por uma terrível espada, quando Simeão profetizou que meu adorável filho seria a salvação de muitos, mas também serviria para ruína de muitos outros; isto é, todos os que abusassem de seu sangue adorável se perderiam para sempre! A virtude que aprendereis, nesta primeira dor, é a da santa obediência. Sede obedientes a vossos superiores, porque são eles que fazem as vezes de Deus.

Meus filhos, é a obediência que faz as almas felizes já neste mundo.

Nunca ouvistes dizer que um obediente tenha se perdido! A alma obediente galgará os mais altos grãos de perfeição. Olhai para toda a minha vida e vereis como nela só encontrareis obediência e sempre obediência! Aos três anos, já me entreguei totalmente à santa obediência.

O que foi minha vida no templo? Obediência e oração. Depois de terminar esse tempo feliz, quiseram me dar um esposo, e eu o aceitei; por quê? Porque sabia que, obedecendo, não erraria!

Como estamos meditando em minhas dores, continuemos. A obediência não deixa de ter seus espinhos, felizes espinhos que tanta glória dão à alma!

Como já vos foi dito, quando apresentei meu amado filho no templo, Simeão me anunciou que uma espada cruel atravessaria minha alma! Desde aquele instante, experimentei sempre uma grande dor, porém olhei para o céu e disse a Deus: "Em vós confio", e nessa confiança descansei. Lembrei-me de que quem confia em Deus jamais será confundido.

Ó Almas, que ainda estais neste vale de lágrimas, fazei como eu fiz. Em vossas penas, em vossas angústias, confiai em Deus e jamais vos arrependereis de tal confiança.

Quando a obediência vos trouxer qualquer sacrifício, fazei o que eu fiz, confiai em Deus e a Ele entregue vossas penas, vossas apreensões, dizendo-lhe: "Meu Deus, em vós confio e por vosso amor sofrerei tudo de bom grado". Ainda que vos fosse preciso dar todo o vosso sangue por causa da santa obediência, por piedade jamais deixeis de obedecer, porque lembro-vos aqui que não deveis obedecer por motivos humanos, mas somente pelo amor daquele que por vosso amor se fez obediente até a morte de Cruz.

Após meditarmos sobre a primeira dor de Nossa Senhora, é chegado o momento de rezarmos a Coroa das Lágrimas. Rezemos com muita fé e devoção. Foi o próprio Jesus que disse à Irmã Amália, em uma de suas revelações: "Minha filha, tudo o que os homens me pedirem pelas lágrimas de minha Mãe, sou obrigado amorosamente a dar.[3]

Coroa das Lágrimas[4]

Oração inicial

Eis-nos aqui a vossos pés, ó dulcíssimo Jesus Crucificado, para vos oferecermos as lágrimas d'Aquela que, com tanto amor, vos acompanhou no caminho doloroso do Calvário. Fazei, ó bom Mestre, que nós saibamos aproveitar da lição que elas nos dão, para que, na terra, realizando vossa Santíssima Vontade, possamos um dia, no céu, louvar-vos por toda a eternidade.

Nas contas brancas (que separam os grupos de 7)

Vede, ó Jesus, que são as lágrimas d'Aquela que mais vos amou na terra e que mais vos ama no céu.

Nas contas brancas (grupos de 7)

Meu Jesus, ouvi nossos rogos, pelas Lágrimas de vossa Mãe Santíssima.

No fim, repete-se, três vezes, nas três contas brancas finais

Vede, ó Jesus, que são as lágrimas d'Aquela que mais vos amou na Terra e que mais vos ama no céu.

Oração final

Virgem Santíssima e Mãe das Dores, nós vos pedimos que junteis vossos rogos aos nossos, a fim de que Jesus, vosso Divino Filho, a quem nos dirigimos em nome de vossas lágrimas de Mãe, ouça nossas preces e nos conceda, com as graças que desejamos, a coroa da vida eterna. Amém.

Jaculatórias finais (para rezar contemplando e beijando a medalha)

– Por vossa mansidão divina, ó Jesus Manietado, salvai o mundo do erro que o ameaça!

– Ó Virgem Dolorosíssima, vossas Lágrimas derrubaram o império infernal!

Terminada a oração da Coroa das Lágrimas, rezemos a Ladainha em favor dos pecadores.

Ladainha em favor dos pecadores

Doce Maria, Mãe de Jesus, dai-nos o coração manso e humilde de Jesus, para conduzir ao paraíso os corações endurecidos dos pobres pecadores.

Doce Maria, dai-nos vossa paciência, para salvar os pecadores.

Doce Maria, dai-nos vossa humildade, para reerguer os pecadores.

Doce Maria, dai-nos vossa delicadeza, para conduzir a Jesus os corações coléricos.

Doce Maria, dai-nos vossas maneiras delicadas, para edificar os grosseiros.

Doce Maria, dai-nos vossa voz melodiosa, para amansar os corações cheios de ira.

Doce Maria, dai-nos vossa indulgente caridade, a fim de a todos os que nos ofenderem com palavras ásperas respondermos com um doce sorriso.

Doce Maria, dai-nos vossos desejos de auxiliar a todos, para que, como vós, desejemos a todos fazer o bem.

Doce Maria, dai-nos vossa generosidade, para nos sacrificarmos, como vós, em favor dos pobres pecadores.

Vamos concluir este nosso momento oracional rezando a Maria, nossa Mãe.

Oração a Maria, nossa Mãe[5]

Somos vossas filhas, ó Maria,
por isso, com prazer, nós vos chamamos Mãe,
nossa Mãe.
Dai-nos, ó Mãe querida,
vossas lágrimas benditas, que,
como orvalho preciosíssimo,
para vos entregarmos nossos corações,
as quais ofertareis a Jesus,
vosso Divino Filho,
que por nós morreu em dura Cruz.
Ó Mãe bendita, Senhora das Lágrimas,
vossas filhas, com amor, saúdam-vos.
Neste dia, dai-nos vosso amor
para podermos amar a Jesus.
Virgem Santa, lírio de pureza,
dai-nos vossa bênção,
e alegres cantaremos vossas mercês.
Somos vossas filhas, com amor vos suplicamos,

levai-nos a Jesus, que é todo amor e misericórdia.
Cantemos todos, com alegria,
Maria é nossa Mãe, que é todo amor.
Cantemos todas à porfia: "Maria é nossa Mãe".
Amém.

Concluamos nossa oração traçando, com fé e confiança, o sinal da cruz. Agradeçamos a Nossa Senhora das Lágrimas a oportunidade de nos aproximarmos ainda mais de seu amor maternal rezando esta setena.

Compromisso espiritual

Apresente-se ao Senhor, neste dia, pelas mãos de Maria. Consagre sua vida a Deus, seu dia, seu trabalho, sua família, seus sonhos...

Referências

1 SÊDA, Rita Elisa (Org.). Consagração a Nossa Senhora das Lágrimas. Aparecida, SP: Editora Santuário, 2023, p. 32-33.

2 CRUCIFICADO, Missionárias de Jesus. Glórias e Poder de Nossa Senhora das Lágrimas. 1ª edição. São Paulo: SP: Editora Imaculada, 2023, p. 95-96.

3 SÊDA, Rita Elisa. Irmã Amália e a devoção a Nossa Senhora das Lágrimas. São Paulo, SP: Editora Imaculada, 2022, p. 144.

4 SÊDA, Rita Elisa (Org.). Devocionário de Nossa Senhora das Lágrimas. Aparecida, SP: Editora Santuário, 2021, p. 26-27.

5 SÊDA, Rita Elisa (Org.). Devocionário de Nossa Senhora das Lágrimas. Aparecida, SP: Editora Santuário, 2023, p. 116. Oração feita por Irmã Amália de Jesus Flagelado.

SEGUNDA SETENA DAS DORES

Contemplamos hoje a segunda dor de Nossa Senhora: a fuga para o Egito.

Iniciemos traçando sobre nós mesmos, com fé e confiança, o sinal trinitário:

– **Em nome do Pai, e do Filho e do Espírito Santo.**

No início deste segundo dia, façamos nosso oferecimento diário a Nossa Senhora das Lágrimas.

Oferecimento diário da alma escrava de Maria[1]

Lembrai-vos, ó Mãe querida,
que sou vossa escrava,
que só aspira dar-vos prazer
e contentar vosso magnânimo coração.

Renovando nesta hora meu oferecimento
de alma escrava, quero lembrar-me
do dever que tenho de vos ser fiel até a morte.
Amém.

Deixemo-nos transformar pela palavra de Deus. Abramos nosso coração para acolher esta palavra que ilumina nossa alma e orienta nossos passos.

Palavra de Deus

"Foram avisados em um sonho para não voltarem a Herodes; por isso retornaram por outro caminho para sua terra. Depois que partiram, um anjo do Senhor apareceu em sonho a José e lhe disse: 'Levanta-te, toma o menino e a mãe dele e foge para o Egito. Fica lá até eu te avisar, porque Herodes vai procurar o menino para matá-lo'. José levantou-se, tomou de noite o menino e a mãe dele e partiu para o Egito. Ficou lá até a morte de Herodes, para se cumprir o que o Senhor falara pelo profeta, com as palavras: 'Do Egito chamei meu filho'. Então Herodes, vendo-se enganado pelos Magos, ficou com muita raiva e mandou matar, em Belém e nas vizinhanças, todos os meninos de dois anos para baixo, conforme o tempo exato que indagara dos Magos. Então, cumpriu-se o que fora dito pelo profeta Jeremias: 'Em Ramá, ouviu-se uma voz, choro e grande lamentação; é Raquel chorando seus filhos, e não quer ser consolada, porque já não existem'. Quando Herodes morreu, um anjo do Senhor apareceu em sonho a José no Egito e lhe disse: "Levanta-te, toma o menino e a mãe dele e vai para a terra de Israel, pois já morreram os que estavam procurando matar o menino. Ele levantou-se, tomou o menino e a mãe dele e voltou para a terra de Israel. Mas, quando ficou sabendo que Arquelau reinava na Judeia, em lugar de seu pai Herodes, teve medo de ir para lá. Avisado em um sonho, partiu para a região da Galileia e foi morar em uma cidade chamada Nazaré, para se cumprir o que fora dito pelos profetas: 'Ele será chamado Nazareno'" (Evangelho de Mateus 2,12-23).

Após meditarmos na Palavra, agora propomos uma meditação sobre a segunda dor de Nossa Senhora. Façamos desta meditação nossa oração e acolhamos as dores de Maria em nosso coração.

Meditação sobre a segunda dor de Nossa Senhora[2]

Amados filhos, vou mostrar-vos minha segunda dor, quando tive de fugir para o Egito, para livrar meu rico tesouro das mãos dos algozes que o queriam matar.

Ó filhos amados, quão grande foi minha dor, quando soube que desejavam dar a morte a meu querido filho! Minha alma ficou imersa na dor quando meditei que desejavam matar aquele que trazia a salvação. Não me afligi por ter de passar provações em terras longínquas: minha dor foi ver meu adorável filho inocente, desde tão tenra idade, perseguido por ser Ele o Redentor.

Ó almas queridas, quanto não sofri nesse exílio, porém tudo suportei com amor e santa alegria por Deus me fazer sofrer tanto pela causa da salvação das almas. Se fui obrigada a esse exílio, foi só por guardar o amado filho! Almas queridas, quando meditava estar no exílio, sofrendo provações tantas para guardar aquele que iria ser a chave da mansão da paz, minha alma, apesar de se achar em dor, por ver que não podia dar conforto ao filho amado, alegrava-se porque dizia: "Ah, um dia estas penas se converterão em sorrisos e em força para as almas, porque, guardando o amado filho, Ele abrirá as portas da Jerusalém Celeste a todas elas!"

Amados meus, vede como, no meio das maiores provações, pode-se exultar, quando tudo se sofre para agradar a Deus e tudo por seu amor. Eu, no meio de tantas provações em terras estranhas, muitas vezes sem agasalho nem pão para matar a fome, exultava por poder sofrer com Jesus, meu adorável filho! Ó vós que sofreis, procurai sofrer com Jesus, porque então vossos sofrimentos, ainda que amargos, farão vossas almas exultar de gozo, assim como a minha exultou.

Sofrer com Jesus, isto é, em sua santa amizade e tudo por seu amor, não se chama a isso sofrer senão gozar! No meio da dor, sofrem os infelizes que vivem longe de Deus... os que estão em sua inimizade, esses é que sofrem! Pobres infelizes, entregam-se ao desespero, porque não têm o conforto da amizade de Deus, que dá à alma sofredora tanta paz, tanta confiança, pois breves são os padecimentos e eternas, as recompensas!

Ó almas, que sofreis por amor de vosso Deus, exultai de alegria porque grande é vossa ventura, sendo parecida com a Vítima Imaculada, Jesus Crucificado, que tanto sofreu por amor de vossas almas!

Exultai vós que, como eu, sois chamados para, longe de vossa pátria, defender vosso Jesus. Exultai, grande será vossa recompensa, se, como eu, ainda que com a alma em angústia, alegremente pronunciardes o *Fiat*.

Aprendei aqui, almas todas, a não medir sacrifícios, quando se trata da glória e dos interesses de Jesus. Vede que eu não medi distâncias, nem sacrifícios. A primeira palavra de José, prontamente e sem nenhuma relutância, segui em procura do sacrifício!

Por piedade, almas queridas, não sejais pusilânimes, porque, se o fordes, o prejuízo será vosso. Contra si trabalha o pusilânime, enquanto que o generoso nos sacrifícios para si armazena riqueza; portanto avante, aprendei nesta minha segunda dor a não medir sacrifícios, quando se tratar dos interesses de Jesus, que também não mediu sacrifícios para vos abrir as portas da mansão da paz.

Após meditarmos sobre a segunda dor de Nossa Senhora, é chegado o momento de rezarmos a Coroa das Lágrimas. Rezemos com muita fé. Lembremos o que o próprio Jesus disse à Irmã Amália em uma de suas mensagens: "Minha filha, tudo o que os homens me pedirem pelas lágrimas de minha Mãe, sou obrigado amorosamente a dar"[3].

Coroa das Lágrimas[4]

Oração inicial

Eis-nos aqui a vossos pés, ó dulcíssimo Jesus Crucificado, para vos oferecermos as lágrimas d'Aquela que, com tanto amor, vos acompanhou no caminho doloroso do Calvário. Fazei, ó bom Mestre, que nós saibamos aproveitar da lição que elas nos dão, para que, na terra, realizando vossa santíssima vontade, possamos um dia, no céu, louvar-vos por toda a eternidade.

Nas contas brancas
(que separam os grupos de 7)

Vede, ó Jesus, que são as lágrimas d'Aquela que mais vos amou na terra e que mais vos ama no céu.

Nas contas brancas
(grupos de 7)

Meu Jesus, ouvi nossos rogos, pelas Lágrimas de vossa Mãe Santíssima.

No fim, repete-se, três vezes, nas três contas brancas finais

Vede, ó Jesus, que são as lágrimas d'Aquela que mais vos amou na terra e que mais vos ama no céu.

Oração final

Virgem Santíssima e Mãe das Dores, nós vos pedimos que junteis vossos rogos aos nossos, a fim de que Jesus, vosso divino filho, a quem nos dirigimos em nome de vossas lágrimas de Mãe, ouça nossas preces e nos conceda, com as graças que desejamos, a coroa da vida eterna. Amém.

Jaculatórias finais (para rezar contemplando e beijando a medalha)

– Por vossa mansidão divina, ó Jesus Manietado, salvai o mundo do erro que o ameaça!

– Ó Virgem Dolorosíssima, vossas Lágrimas derrubaram o império infernal!

Rezemos a Ladainha em favor dos pecadores. Lembremo-nos, por alguns instantes, de nossos próprios pecados.

Ladainha em favor dos pecadores

Doce Maria, Mãe de Jesus, dai-nos o coração manso e humilde de Jesus, para conduzir ao paraíso os corações endurecidos dos pobres pecadores.

Doce Maria, dai-nos vossa paciência, para salvar os pecadores.

Doce Maria, dai-nos vossa humildade, para reerguer os pecadores.

Doce Maria, dai-nos vossa delicadeza, para conduzir a Jesus os corações coléricos.

Doce Maria, dai-nos vossas maneiras delicadas, para edificar os grosseiros.

Doce Maria, dai-nos vossa voz melodiosa, para amansar os corações cheios de ira.

Doce Maria, dai-nos vossa indulgente caridade, a fim de a todos os que nos ofenderem com palavras ásperas respondermos com um doce sorriso.

Doce Maria, dai-nos vossos desejos de auxiliar a todos, para que, como vós, desejemos a todos fazer o bem.

Doce Maria, dai-nos vossa generosidade, para nós nos sacrificarmos, como vós, em favor dos pobres pecadores.

Vamos concluir este nosso momento oracional rezando a Nossa Senhora das Lágrimas.

Oração a Maria, nossa Mãe[5]

Somos vossas filhas, ó Maria,
por isso, com prazer, nós vos chamamos Mãe, nossa Mãe.
Dai-nos, ó Mãe querida,

vossas lágrimas benditas, que,
como orvalho preciosíssimo,
para vos entregarmos nossos corações,
que ofertareis a Jesus,
vosso Divino Filho,
que por nós morreu em dura Cruz.
Ó Mãe bendita, Senhora das Lágrimas,
vossas filhas, com amor, saúdam-vos.
Neste dia, dai-nos vosso amor
para podermos amar a Jesus.
Virgem Santa, lírio de pureza,
dai-nos vossa bênção,
e alegres cantaremos vossas mercês.
Somos vossas filhas, com amor vos suplicamos,
levai-nos a Jesus, que é todo amor e misericórdia.
Cantemos todas, com alegria,
Maria é nossa Mãe, que é todo amor.
Cantemos todas à porfia: "Maria é nossa Mãe".
Amém.

Concluamos nossa oração traçando, com fé e confiança, o sinal da cruz. Agradeçamos a Nossa Senhora das Lágrimas as bênçãos e graças alcançadas junto a Jesus.

Compromisso espiritual

Ofereçamos, hoje, todos os nossos sofrimentos a Jesus, como oferta de amor por sua dolorosa paixão por nossa salvação.

Referências

1 SÊDA, Rita Elisa (Org.). Consagração a Nossa Senhora das Lágrimas. Aparecida, SP: Editora Santuário, 2023, p. 32-33.

2 CRUCIFICADO, Missionárias de Jesus. Glórias e Poder de Nossa Senhora das Lágrimas. 1ª edição. São Paulo: SP: Editora Imaculada, 2023, p. 96-98.

3 SÊDA, Rita Elisa. Irmã Amália e a devoção a Nossa Senhora das Lágrimas. São Paulo, SP: Editora Imaculada, 2022, p. 144.

4 SÊDA, Rita Elisa (Org.). Devocionário de Nossa Senhora das Lágrimas. Aparecida, SP: Editora Santuário, 2021, p. 26-27.

5 SÊDA, Rita Elisa (Org.). Devocionário de Nossa Senhora das Lágrimas. Aparecida, SP: Editora Santuário, 2023, p. 116. Oração feita por Irmã Amália de Jesus Flagelado.

TERCEIRA SETENA DAS DORES

Contemplamos a terceira dor de Nossa Senhora: a perda do menino Jesus.

Iniciemos traçando sobre nós mesmos o sinal da cruz:

– **Em nome do Pai, e do Filho e do Espírito Santo.**

No início deste terceiro dia, façamos nosso oferecimento diário a Nossa Senhora das Lágrimas.

Oferecimento diário da alma escrava de Maria[1]

Lembrai-vos, ó Mãe querida,
que sou vossa escrava,
que só aspira dar-vos prazer

e contentar vosso magnânimo coração.
Renovando nesta hora meu oferecimento
de alma escrava, quero lembrar-me
do dever que tenho de vos ser fiel até a morte.
Amém.

Meditemos na palavra de Deus! O que Ele nos diz? O que dizemos a Ele? O que a palavra nos propõe como caminho de conversão?

Palavra de Deus[2]

"O menino, entretanto, ia crescendo e se fortificava, enchendo-se de sabedoria. E a graça de Deus estava sobre ele. Os pais de Jesus iam todos os anos a Jerusalém para a festa da Páscoa. Quando ele tinha doze anos, subiram para lá, como era costume na festa. Passados os dias da festa, quando estavam voltando, ficou em Jerusalém o menino Jesus, sem que seus pais o notassem. Pensando que ele estivesse na comitiva, fizeram o percurso de um dia inteiro. Depois o procuraram entre os parentes e conhecidos e, não o encontrando, voltaram a Jerusalém a sua procura. Depois de três dias, encontraram-nos no templo, sentado no meio dos doutores, ouvindo-os e interrogando-os. Todos os que o ouviam estavam maravilhados com sua sabedoria e com suas respostas. Quando seus pais o viram, ficaram muito emocionados. E sua mãe lhe perguntou: 'Filho, por que fizeste isso conosco? Teu pai e eu te procurávamos, cheios de aflição...' Jesus respondeu-lhes: 'Por que me procuráveis? Não sabíeis que devo estar naquilo que é de meu Pai?' Mas eles não compreenderam o que lhes dizia. Desceu com eles e foi para Nazaré, e lhes era submisso. Sua mãe conservava todas estas recordações em seu coração. Jesus ia crescendo em sabedoria, estatura e graça diante de Deus e dos homens" (Evangelho de Lucas 2,40-52).

Após meditarmos na palavra, agora propomos uma meditação sobre a terceira dor de Nossa Senhora. Unamo-nos às dores de Maria.

Meditação sobre a terceira dor de Nossa Senhora[3]

Amados filhos do exílio, vou mostrar-vos minha terceira dor, quando perdi meu adorável filho por três dias. Que penas indizíveis e incompreensíveis a um mortal!

Ó almas que sofreis, procurai compreender minha imensa dor, pois, à vista dessa minha dor, as vossas serão leves! Mães aflitas, que chorais a perda de um filho amado, meditai o quanto eu sofri por três dias a perda de meu único amado filho!

Sabeis que meu adorável filho era o Messias prometido, o qual me fora confiado pelo Deus eterno. Que contas daria então a meu Deus do tesouro que me tinha entregue?

Vede como os queridos de Deus são tratados! Por ser eu sua Mãe, fui a criatura que mais tortura sofreu nesse exílio, depois de Jesus!

Vede, amados meus, depois de três dias o achei no templo, no meio dos doutores e lhe falei: "Ó filho, deixaste-me três dias em aflição!" Eis sua resposta divina: "Eu vim ao mundo para cuidar dos interesses de meu Pai, que está no céu".

Com essa resposta do meigo Jesus, emudeci e compreendi que, sendo o Redentor da humanidade, assim devia proceder, fazendo sua Mãe, desde aquele instante, tomar parte em sua missão redentora, fazendo-me sofrer por tão nobre causa: a Redenção da humanidade!

Ó almas todas que sofreis, aprendei aqui, nesta minha grande dor, a submeter-vos à vontade de Deus, que, muitas vezes, vos fere para vosso próprio proveito ou para proveito de um de vossos entes queridos.

Jesus me deixou por três dias, em tanta angústia, para proveito vosso, para hoje vos poder dizer: aprendei com Maria a sofrer e a preterir a vontade de Deus à vossa! Mães venturosas que chorais, ao verdes vossos filhos generosos ouvirem o chamado divino, por piedade, aprendei comigo a sacrificar vosso amor natural. Se vossos filhos forem chamados para trabalhar na vinha do Senhor, por piedade, não sejais algozes de tão nobre aspiração, como é a vocação religiosa. Mães e pais extremosos, ainda que vosso coração sangre de dor, deixai-os partir, deixai-os corresponder às finezas de seu Deus, que usa para com eles de tanta predileção. Felizes pais que sofreis por tão nobre causa, ofertai a Deus as penas da separação, para que vossos filhos, que têm a ventura de serem chamados, possam ser na realidade bons filhos daquele que os chamou. Se assim fizerdes, fareis o que eu fiz! Lembrar-vos que vossos filhos a Deus pertencem, não a vós.

Deus vo-los entregou para que os crieis para o servir e amar neste mundo, para um dia no céu o louvarem por toda a eternidade.

Portanto, cegos são aqueles que querem prender seus filhos, abafando-lhes a vocação. Os pais que assim procedem são algozes de seus filhos, levando-os à perdição eterna, e ainda são algozes de si próprios, pois que contas darão a Deus no último dia? Triste será a sentença desses pais!

Porém, se, em vez de serem algozes, forem anjos de suas vocações, encaminhando-os para tão nobre fim, que bela recompensa esperam esses pais afortunados. No céu, terão um lugar de honra. Ainda que chorem de saudades, ainda que a separação lhes custe muitas lágrimas, se forem todas derramadas como eu as derramei, só por amor de Deus, serão eles bem-aventurados! Ó entes queridos que sois chamados por Deus, a vós também desejo falar nesta minha terceira dor. Procedei como Jesus procedeu comigo: primeiramente, obedecei à vontade de Deus, que vos chamou para habitar em sua casa, onde deseja vos dizer: “Quem ama seu pai e sua mãe mais do que a mim não é digno de mim”. Portanto vede bem se, por causa de um amor natural, deixais de corresponder ao chamado divino!

Não penseis que sois vós que vos oferecestes para viver na casa do Senhor. Ah não! Quem não for chamado não ficará na casa deste Senhor, que exige tudo por amor e não por força. Portanto aqueles que não têm força de obedecer, por amor, não foram chamados, mas sim eles mesmos que se ofereceram; disso vem que eles são a cruz de seus superiores e do próprio Deus!

Ó meninas de meus olhos, almas de eleição, que fostes chamadas, tudo sacrificastes: as afeições mais caras, vossa própria vontade para servirdes a Deus! Grande é vossa ventura, portanto sede generosas em tudo e louvai a Deus por terdes sido escolhidas para tão nobre fim.

Vós que chorais, pais, irmãos, regozijai-vos porque vossas lágrimas um dia irão se converter em pérolas, como as minhas se converteram em favor da humanidade.

Enfim, todos os que sofreis vinde a mim que eu vos consolarei, porque eu também sofri e sei consolar a todos os que choram.

Rezemos a Coroa das Lágrimas. Busquemos nesta oração nos unirmos espiritualmente a Jesus pelas Lágrimas de Maria.

Coroa das Lágrimas[4]

Oração inicial

Eis-nos aqui a vossos pés, ó dulcíssimo Jesus Crucificado, para vos oferecermos as lágrimas d'Aquela que, com tanto amor, acompanhou-vos no caminho doloroso do Calvário. Fazei, ó bom Mestre, que nós saibamos aproveitar da lição que elas nos dão, para que, na terra, realizando vossa santíssima vontade, possamos um dia, no céu, louvar-vos por toda a eternidade.

Nas contas brancas
(que separam os grupos de 7)

Vede, ó Jesus, que são as lágrimas d'Aquela que mais vos amou na terra e que mais vos ama no céu.

Nas contas brancas (grupos de 7)

Meu Jesus, ouvi nossos rogos, pelas Lágrimas de vossa Mãe Santíssima.

No fim, repete-se, três vezes, nas três contas brancas finais

Vede, ó Jesus, que são as lágrimas d'Aquela que mais vos amou na terra e que mais vos ama no céu.

Oração final

Virgem Santíssima e Mãe das Dores, nós vos pedimos que junteis vossos rogos aos nossos, a fim de que Jesus, vosso divino filho, a quem nos dirigimos em nome de vossas lágrimas de Mãe, ouça nossas preces e nos conceda, com as graças que desejamos, a coroa da vida eterna. Amém.

Jaculatórias finais (para rezar contemplando e beijando a medalha)

– Por vossa mansidão divina, ó Jesus Manietado, salvai o mundo do erro que o ameaça!

– Ó Virgem Dolorosíssima, vossas Lágrimas derrubaram o império infernal!

Por alguns instantes, façamos um exame de consciência acerca de nossas posturas, nossos pensamentos, nossas palavras e ações. Em seguida, rezemos a Ladainha em favor dos pecadores.

Ladainha em favor dos pecadores

Doce Maria, Mãe de Jesus, dai-nos o coração manso e humilde de Jesus, para conduzir ao paraíso os corações endurecidos dos pobres pecadores.

Doce Maria, dai-nos vossa paciência, para salvar os pecadores.

Doce Maria, dai-nos vossa humildade, para reerguer os pecadores.

Doce Maria, dai-nos vossa delicadeza, para conduzir a Jesus os corações coléricos.

Doce Maria, dai-nos vossas maneiras delicadas, para edificar os grosseiros.

Doce Maria, dai-nos vossa voz melodiosa, para amansar os corações cheios de ira.

Doce Maria, dai-nos vossa indulgente caridade, a fim de a todos os que nos ofenderem com palavras ásperas respondermos com um doce sorriso.

Doce Maria, dai-nos vossos desejos de auxiliar a todos, para que, como vós, desejemos a todos fazer o bem.

Doce Maria, dai-nos vossa generosidade, para nós nos sacrificarmos, como vós, em favor dos pobres pecadores.

Elevemos nossa oração à Santíssima Virgem Maria.

Oração a Maria nossa Mãe[5]

Somos vossas filhas, ó Maria,
por isso, com prazer, nós vos chamamos Mãe,
nossa Mãe.

Dai-nos, ó Mãe querida,
vossas lágrimas benditas, que, como orvalho preciosíssimo,
para vos entregarmos nossos corações,
ofertareis a Jesus,
vosso Divino Filho,
que por nós morreu em dura Cruz.
Ó Mãe bendita, Senhora das Lágrimas,
vossas filhas, com amor, saúdam-vos.
Neste dia, dai-nos vosso amor
para podermos amar a Jesus.
Virgem Santa, lírio de pureza,
dai-nos vossa bênção,
e alegres cantaremos vossas mercês.
Somos vossas filhas, com amor vos suplicamos,
levai-nos a Jesus, que é todo amor e misericórdia.
Cantemos todos, com alegria,
Maria é nossa Mãe, que é todo amor.
Cantemos todas à porfia: "Maria é nossa Mãe".
Amém.

Concluamos este momento de oração traçando o sinal da cruz. Agradeçamos a Nossa Senhora das Lágrimas a graça de estarmos unidos a ela e a Jesus em oração e amor filial.

Compromisso espiritual

Rezemos hoje por todas as mães que trazem na alma a dor pela morte de seus filhos.

Referências

1 SÊDA, Rita Elisa (Org.). Consagração a Nossa Senhora das Lágrimas. Aparecida, SP: Editora Santuário, 2023, p. 32-33.

2 Os textos bíblicos foram retirados da Bíblia de Aparecida.

3 CRUCIFICADO, Missionárias de Jesus. Glórias e Poder de Nossa Senhora das Lágrimas. 1ª edição. São Paulo: SP: Editora Imaculada, 2023, p. 98-100.

4 SÊDA, Rita Elisa (Org.). Devocionário de Nossa Senhora das Lágrimas. Aparecida, SP: Editora Santuário, 2021, p. 26-27.

5 SÊDA, Rita Elisa (Org.). Devocionário de Nossa Senhora das Lágrimas. Aparecida, SP: Editora Santuário, 2023, p. 116. Oração feita por Irmã Amália de Jesus Flagelado.

QUARTA SETENA DAS DORES

Contemplamos a quarta dor de Nossa Senhora: o encontro com Jesus no calvário.

Iniciemos com o sinal trinitário:

– **Em nome do pai, e do filho e do espírito santo.**

Neste quarto dia, façamos nosso oferecimento diário a Nossa Senhora das Lágrimas.

Oferecimento diário da alma escrava de Maria[1]

Lembrai-vos, ó Mãe querida,
que sou vossa escrava,
que só aspira dar-vos prazer
e contentar vosso magnânimo coração.

Renovando nesta hora meu oferecimento
de alma escrava, quero lembrar-me
do dever que tenho de vos ser fiel até a morte.
Amém.

Aproximemo-nos, com o coração aberto, da palavra de Deus. Usemos hoje o método da *Lectio Divina* (Leitura Orante da Bíblia). Permitamos que ela se faça oração em nosso coração.

Palavra de Deus

"Quando o levavam, detiveram certo Simão Cireneu, que voltava do sítio, e puseram a cruz sobre ele, obrigando-o a levá-la atrás de Jesus. Seguia-o grande multidão de povo e de mulheres, as quais batiam no peito e o lamentavam. Voltando-se para elas, disse Jesus: 'Filhas de Jerusalém, não choreis por mim, mas chorai por vós mesmas e por vossos filhos, porque virão dias em que se há de dizer': 'Felizes as estéreis e felizes as entranhas que não geraram e os seios que não amamentaram!' 'Então começarão a dizer às montanhas': 'Caí sobre nós!' E às colinas: 'Cobri-nos!' 'Porque, se fazem isto com o lenho verde, que se fará com o seco?' Levaram para ser executados junto com ele outros dois, que eram malfeitores" (Evangelho de Lucas 23,26-32).

Após meditarmos e rezarmos com a palavra de Deus, propomos uma meditação sobre a quarta dor de Nossa Senhora. Deixemo-nos tocar pelas dores de Maria.

Meditação sobre a quarta dor de Nossa Senhora[2]

Amados filhos, vou, hoje, mostrar-vos minha quarta dor, quando me encontrei com o divino filho no caminho do Calvário.

Ó todos os que chorais neste exílio, contemplai e vede se há dor semelhante a minha dor: ver o filho amado em tão lastimoso estado, carregado com uma pesada cruz, insultado como se Ele fosse um criminoso! Ó filhas minhas, qual não foi a dor de minha alma, quando parei por um instante e meditei: meu Filho, que é Deus, dessa forma tratado! Ele que é o salvador, a caridade infinita, que só faz o bem, por que assim o tratam?

Amados filhos, lembrei-me de suas divinas palavras, quando disse: 'É preciso que o filho de Deus seja calcado aos pés, para abrir as portas da mansão da paz!'.

Sempre a vontade do Altíssimo foi minha força em horas tão cruéis como esta, vendo o meu filho amado em tão lastimoso estado!

Ao encontrá-lo nessa via da amargura, seus olhos divinos, amortecidos pela dor dos espinhos, fitaram-me e me fizeram compreender a dor que lhe ia na alma, por não me poder dizer palavra, porém me fizeram também compreender que era necessário que unisse minha dor a sua grande dor, para que essa nossa dor fosse mais tarde a força de tantas mães e de tantos filhos, que haviam de sofrer, uns, o martírio do corpo, outros, o martírio do coração.

Sim, uns a derramar todo o seu sangue nas mãos dos algozes e outros a sofrer o martírio do coração por ver seus filhos, irmãos ou pais sofrerem os golpes dos algozes!

Amados meus, nossa grande dor nesse encontro tem sido a força de tantos mártires e de tantas mães aflitas!

Ó almas que temeis o sacrifício, aprendei aqui, nesse encontro, submeter-vos à vontade de Deus, como eu e meu adorável filho nos submetemos!

Aprendei a calar-vos em vossas penas. Vede como em minha grande dor não me desabafei, a não ser com o Pai do céu, dizendo: 'Meu Deus, que vossa vontade se cumpra: dai-me força, isto é, o que preciso para aceitar esta dura cruz: ver o filho, que me destes, tão humilhado e calcado aos pés por seus beneficiados!'

Em nosso silêncio, nessa dor imensa, armazenamos para vós riquezas incomensuráveis! Vossos olhos não veem, mas vossas almas hão de sentir a eficácia dessa riqueza na hora em que, batidos por vossas penas, recorrerdes a mim, meditando nesse encontro dolorosíssimo. Nessas horas difíceis, podeis experimentar o valor de nosso silêncio, que se converte em força para vossas almas amarguradas. Sim, nosso silêncio na dor há de ser a força das almas aflitas, que souberem recorrer à meditação dessa minha dor!

Amados filhos, como é precioso o silêncio nas horas de sofrimento! Há almas que não sabem sofrer uma dor física, uma tortura de alma em silêncio; desejam contar a todos para que todos os lastimem! Como esse procedimento é diferente do nosso, pois tudo suportamos em silêncio por amor de Deus e de vossas almas!

Almas minhas, aprendei a sofrer por amor de Deus e de vossas almas, que tanto precisam da dor e das penas para vos purificar da vaidade deste mundo corruptor! Lembrai-vos aqui de que as penas e dores vos são essencialmente necessárias para poderdes amar a Deus e progredir no caminho da virtude. Sem a dor e sem as penas, correreis o risco de perder vossas almas, porque a dor humilha, e é na santa humildade que Deus edifica. Se vossa casa não for edificada por Deus, virá o vento e a lançará por terra! Sim, filhos meus, sem a humildade, trabalhareis em vão; portanto vede como a dor é necessária para vossa santificação. Aprendei a sofrer em silêncio, como eu e Jesus sofremos neste doloroso encontro no caminho do Calvário.

Após meditarmos na quarta dor de Nossa Senhora, é chegado o momento de rezarmos a Coroa das Lágrimas. Rezemos com muita fé e devoção. Foi o próprio Jesus que disse à Irmã Amália em uma de suas revelações: "Minha filha, tudo o que os homens me pedirem pelas lágrimas de minha Mãe, sou obrigado amorosamente a dar"[3].

Coroa das Lágrimas[4]

Oração inicial

Eis-nos aqui a vossos pés, ó dulcíssimo Jesus Crucificado, para vos oferecermos as lágrimas d'Aquela que, com tanto amor, vos acompanhou no caminho doloroso do Calvário. Fazei, ó bom Mestre, que nós saibamos aproveitar da lição que elas nos dão, para que, na terra, realizando a vossa santíssima vontade, possamos um dia, no céu, louvar-vos por toda a eternidade.

Nas contas brancas (que separam os grupos de 7)

Vede, ó Jesus, que são as lágrimas d'Aquela que mais vos amou na terra e que mais vos ama no Céu.

Nas contas brancas (grupos de 7)

Meu Jesus, ouvi nossos rogos, pelas Lágrimas de vossa Mãe Santíssima.

No fim, repete-se, três vezes, nas três contas brancas finais

Vede, ó Jesus, que são as lágrimas d'Aquela que mais vos amou na terra e que mais vos ama no céu.

Oração final

Virgem Santíssima e Mãe das Dores, nós vos pedimos que junteis vossos rogos aos nossos, a fim de que Jesus, vosso divino filho, a quem nos dirigimos em nome de vossas lágrimas de Mãe, ouça nossas preces e nos conceda, com as graças que desejamos, a coroa da vida eterna. Amém.

Jaculatórias finais (para rezar contemplando e beijando a medalha)

– Por vossa mansidão divina, ó Jesus Manietado, salvai o mundo do erro que o ameaça!

– Ó Virgem Dolorosíssima, vossas Lágrimas derrubaram o império infernal!

Por um breve instante, façamos nosso exame de consciência e rezemos a Ladainha em favor dos pecadores.

Ladainha em favor dos pecadores

Doce Maria, Mãe de Jesus, dai-nos o coração manso e humilde de Jesus, para conduzir ao paraíso os corações endurecidos dos pobres pecadores.

Doce Maria, dai-nos vossa paciência, para salvar os pecadores.

Doce Maria, dai-nos vossa humildade, para reerguer os pecadores.

Doce Maria, dai-nos vossa delicadeza, para conduzir a Jesus os corações coléricos.

Doce Maria, dai-nos vossas maneiras delicadas, para edificar os grosseiros.

Doce Maria, dai-nos vossa voz melodiosa, para amansar os corações cheios de ira.

Doce Maria, dai-nos vossa indulgente caridade, a fim de a todos os que nos ofenderem com palavras ásperas respondermos, com um doce sorriso.

Doce Maria, dai-nos vossos desejos de auxiliar a todos, para que, como vós, desejemos a todos fazer o bem.

Doce Maria, dai-nos vossa generosidade, para nós nos sacrificarmos, como vós, em favor dos pobres pecadores.

Vamos concluir este nosso momento oracional, rezando a Maria, nossa Mãe.

Oração a Maria nossa Mãe[5]

Somos vossas filhas, ó Maria,
por isso, com prazer, nós vos chamamos Mãe,
nossa Mãe.
Dai-nos, ó Mãe querida,
vossas lágrimas benditas, que, como orvalho
preciosíssimo,
para vos entregarmos nossos corações,

as quais ofertareis a Jesus,
vosso Divino Filho,
que por nós morreu em dura Cruz.
Ó Mãe bendita, Senhora das Lágrimas,
vossas filhas, com amor, saúdam-vos.
Neste dia, dai-nos vosso amor
para podermos amar a Jesus.
Virgem Santa, lírio de pureza,
dai-nos vossa bênção,
e alegres cantaremos vossas mercês.
Somos vossas filhas, com amor vos suplicamos,
levai-nos a Jesus, que é todo amor e misericórdia.
Cantemos todas, com alegria,
Maria é nossa Mãe, que é todo amor.
Cantemos todos à porfia: "Maria é nossa Mãe".
Amém.

Concluamos nossa oração traçando, com fé e confiança, o sinal da cruz. Agradeçamos a Nossa Senhora das Lágrimas as bênçãos e graças alcançadas junto a Jesus.

Compromisso espiritual

Lembremo-nos, neste dia em nossas orações, de todos os irmãos que percorrem diariamente o doloroso caminho do calvário da doença, da exclusão e da indiferença e rezemos por eles.

Referências

1 SÊDA, Rita Elisa (Org.). Consagração a Nossa Senhora das Lágrimas. Aparecida, SP: Editora Santuário, 2023, p. 32-33.

2 CRUCIFICADO, Missionárias de Jesus. Glórias e Poder de Nossa Senhora das Lágrimas. 1ª edição. São Paulo: SP: Editora Imaculada, 2023, p. 100-101.

3 SÊDA, Rita Elisa. Irmã Amália e a devoção a Nossa Senhora das Lágrimas. São Paulo, SP: Editora Imaculada, 2022, p. 144.

4 SÊDA, Rita Elisa (Org.). Devocionário de Nossa Senhora das Lágrimas. Aparecida, SP: Editora Santuário, 2021, p. 26-27.

5 SÊDA, Rita Elisa (Org.). Devocionário de Nossa Senhora das Lágrimas. Aparecida, SP: Editora Santuário, 2021, p. 116. Oração feita por Irmã Amália de Jesus Flagelado.

QUINTA SETENA DAS DORES

Contemplamos a quinta dor de Nossa Senhora: aos pés da cruz.

Iniciemos traçando sobre nós mesmos, com fé e confiança, o sinal trinitário:

– **Em nome do Pai, e do Filho e do Espírito Santo.**

Neste quinto dia, façamos nosso oferecimento diário a Nossa Senhora das Lágrimas.

Oferecimento diário da alma escrava de Maria[1]

Lembrai-vos, ó Mãe querida,
que sou vossa escrava,
que só aspira dar-vos prazer

e contentar vosso magnânimo coração.
Renovando nesta hora meu oferecimento
de alma escrava, quero lembrar-me
do dever que tenho de vos ser fiel até a morte.
Amém.

Meditemos o texto bíblico abaixo, proposto para este dia. Não tenhamos pressa. Leiamo-lo com calma. Ouçamos o que Deus está nos falando e falemos com Ele. No silêncio do coração, ouçamos a voz divina. O que esta palavra nos diz? O que Nossa Senhora nos ensina?

Palavra de Deus

"Junto à cruz de Jesus estavam de pé sua mãe, a irmã de sua mãe, Maria, mulher de Cléofas, e Maria Madalena. Jesus, vendo sua mãe e, perto dela, o discípulo que amava, disse a sua mãe: 'Mulher, eis aí teu filho'. Depois disse ao discípulo: 'Eis aí tua mãe'. E, desta hora em diante, o discípulo acolheu-a em sua casa" (Evangelho de João 19,25-27).

Após meditarmos e rezarmos com a palavra de Deus, meditemos sobre a quinta dor de Nossa Senhora. Ouçamos a voz dolorosa da Santíssima Virgem Maria e nos deixemos tocar por seus ensinamentos.

Meditação sobre a quinta dor de Nossa Senhora[2]

Amados filhos, vou mostrar-vos minha quinta dor e, em sua meditação, encontrareis lenitivo e força para vossas almas, que ainda lutam contra mil tentações e dificuldades que são próprias dos mortais! Nesta minha quinta dor, aprendereis a serdes fortes em todos os combates de vossa vida.

Vede-me aos pés da Cruz, assistindo à ignominiosa morte de Jesus, com a alma e meu coração traspassados com a espada das mais cruéis dores! Ah filhos amados, nesta hora, seria para duvidar até da divindade do próprio Jesus, se eu não tivesse aprendido nas Sagradas Escrituras que o Messias prometido havia de ser crucificado como um malfeitor!

Não vos escandalizeis com o que fizeram os judeus! Os judeus diziam: “Se Ele é Deus, como anunciava, por que não desce da Cruz e se livra a si próprio?” Pobres judeus, ignorantes uns, de má-fé outros, não quiseram crer que Ele era o Messias, porque, se o fosse, não se deixaria matar! Pobres e infelizes, cheios de orgulho, não podiam compreender que um Deus se humilhasse tanto; não sabiam que sua divina doutrina pregava a humildade e que só aos humildes será dada a entrada no paraíso. Portanto, se essa era sua doutrina, Jesus precisava dar o exemplo, porque sem ele seus filhos não teriam a força de praticar uma virtude que tanto custa aos filhos deste mundo, que nas próprias veias têm por herança o orgulho.

Por isso, os pobres judeus, que estavam cheios de orgulho, não podendo compreender a Jesus, diziam que Ele era um louco, pregava esta encantadora doutrina da humildade que homens faz anjos!

Eles não compreenderam, porque este terrível mal do orgulho criara raízes em seus corações, por esse motivo morreram em seu pecado! Infelizes os que, à imitação dos que crucificaram a Jesus, ainda hoje não sabem se humilhar!

Depois de três horas de tormentosa agonia, meu adorável filho morreu, deixando-me a alma na mais negra escuridão! Sem duvidar um só instante, pronunciei o *Fiat* da resignação e, em meu silêncio doloroso, entreguei ao Pai minha terrível dor, pedindo, como Jesus, perdão pelos criminosos, que acabavam de dar a morte ao filho de minhas castas entranhas!

Entretanto quem me confortou nessa hora angustiosa? A vontade de Deus foi meu conforto; o céu aberto para todos os filhos foi meu lenitivo! A caridade de Jesus foi também minha força, lembrando-me dos doentes que tinha sarado, das almas que tinha consolado.

Como é bela a caridade, como ela conforta quando, nas horas de dor, lembramo-nos de que sofremos por havermos praticado o bem.

Jesus morreu na Cruz somente por ter feito o bem! Que força isso deu a minha alma em trevas, porque eu também, no Calvário, fui provada com o abandono de toda consolação!

Como já vos disse, minha força foi a vontade de Deus, que se achava impressa em meu coração e que sempre foi a motivação de todas as minhas ações!

O lenitivo para meu coração despedaçado foi, como já vos disse, a lembrança do quanto Jesus tinha feito de bom neste vale de lágrimas!

Amados filhos, quão bom é sofrer, principalmente em união com os sofrimentos de Jesus; mais ainda, quão bom é sofrer por ter feito o bem neste mundo, não desejando outra recompensa, a não ser desprezos e humilhações como eu e Jesus sofremos. Tanto sofremos e a tanta humilhação os homens nos sujeitaram, somente porque Jesus sempre perdoou, consolou os tristes, ressuscitou os mortos; somente porque em seu coração e em sua alma estavam impressas estas palavras: "Eternamente vos amei e sempre perdoarei!"

Desejais sofrer por tão nobre causa, porque em vosso coração estão escritas estas palavras: "Amo a meu Deus de todo o coração e por este amor abomino tudo o que for falta voluntária; amo a humilhação e detesto todas as vaidades deste mundo!"

Ó filhos amados, que glória um dia para vossas almas se, por serdes bons cumpridores de vosso sagrado dever de amar a Deus com todo o vosso coração, fordes perseguidos!

Amadíssimos filhos, aprendei a meditar, muitas vezes, nesta minha dor, que vos dará força para serdes humildes – virtude amada por Deus e pelos homens de boa vontade.

Após meditarmos sobre a quinta dor de Nossa Senhora, é chegado o momento de rezarmos a Coroa das Lágrimas. Recordemos o que Jesus disse à Irmã Amália: "Minha filha, tudo o que os homens me pedirem pelas lágrimas de minha Mãe, sou obrigado amorosamente a dar"[3].

Coroa das Lágrimas[4]

Oração inicial

Eis-nos aqui a vossos pés, ó dulcíssimo Jesus Crucificado, para vos oferecermos as lágrimas d'Aquela que, com tanto amor, acompanhou-vos no caminho doloroso do Calvário. Fazei, ó bom Mestre, que nós saibamos aproveitar da lição que elas nos dão, para que, na terra, realizando vossa santíssima vontade, possamos um dia, no céu, louvar-vos por toda a eternidade.

Nas contas brancas (que separam os grupos de 7)

Vede, ó Jesus, que são as lágrimas d'Aquela que mais vos amou na terra e que mais vos ama no céu.

Nas contas brancas (grupos de 7)

Meu Jesus, ouvi nossos rogos, pelas Lágrimas de vossa Mãe Santíssima.

No fim, repete-se, três vezes, nas três contas brancas finais

Vede, ó Jesus, que são as lágrimas d'Aquela que mais vos amou na terra e que mais vos ama no céu.

Oração final

Virgem santíssima e Mãe das Dores, nós vos pedimos que junteis vossos rogos aos nossos, a fim de que Jesus, vosso divino filho, a quem nos dirigimos em nome de vossas lágrimas de Mãe, ouça nossas preces e nos conceda, com as graças que desejamos, a coroa da vida eterna. Amém.

Jaculatórias finais (para rezar contemplando e beijando a medalha)

– Por vossa mansidão divina, ó Jesus Manietado, salvai o mundo do erro que o ameaça!

– Ó Virgem Dolorosíssima, vossas Lágrimas derrubaram o império infernal!

É chegado o momento de fazermos nosso exame de consciência. Por alguns instantes, olhemos para nosso interior e para nossa vida e nos autoexaminemos diante de Deus. Acolhamos a misericórdia divina em nosso coração e rezemos a Ladainha em favor dos pecadores e em favor de nós mesmos.

Ladainha em favor dos pecadores

Doce Maria, Mãe de Jesus, dai-nos o coração manso e humilde de Jesus, para conduzir ao paraíso os corações endurecidos dos pobres pecadores.

Doce Maria, dai-nos vossa paciência, para salvar os pecadores.

Doce Maria, dai-nos vossa humildade, para reerguer os pecadores.

Doce Maria, dai-nos vossa delicadeza, para conduzir a Jesus os corações coléricos.

Doce Maria, dai-nos vossas maneiras delicadas, para edificar os grosseiros.

Doce Maria, dai-nos vossa voz melodiosa, para amansar os corações cheios de ira.

Doce Maria, dai-nos vossa indulgente caridade, a fim de a todos os que nos ofenderem com palavras ásperas respondermos com um doce sorriso.

Doce Maria, dai-nos vossos desejos de auxiliar a todos, para que, como vós, desejemos a todos fazer o bem.

Doce Maria, dai-nos vossa generosidade, para nós nos sacrificarmos, como vós, em favor dos pobres pecadores.

Rezemos com fé e confiança a oração a seguir.

Oração a Maria nossa Mãe[5]

Somos vossas filhas, ó Maria,
por isso, com prazer, nós vos chamamos Mãe,
nossa Mãe.
Dai-nos, ó Mãe querida,
vossas lágrimas benditas, que, como orvalho
preciosíssimo,
para vos entregarmos nossos corações,
ofertareis a Jesus,
vosso Divino Filho,
que por nós morreu em dura Cruz.
Ó Mãe bendita, Senhora das Lágrimas,
vossas filhas, com amor, saúdam-vos.
Neste dia, dai-nos vosso amor
para podermos amar a Jesus.
Virgem Santa, lírio de pureza,
dai-nos vossa bênção,
e alegres cantaremos vossas mercês.
Somos vossas filhas, com amor vos suplicamos,
levai-nos a Jesus, que é todo amor e misericórdia.
Cantemos todos, com alegria,
Maria é nossa Mãe, que é todo amor.
Cantemos todas à porfia: "Maria é nossa Mãe".
Amém.

Concluamos nossa oração traçando, com fé e confiança, o sinal da cruz. Agradeçamos a Nossa Senhora das Lágrimas as bênçãos e graças alcançadas junto a Jesus.

Compromisso espiritual

Rezemos em reparação de todas as blasfêmias e todos os ultrajes que Jesus ainda sofre nos dias de hoje.

Referências

1 SÊDA, Rita Elisa (Org.). Consagração a Nossa Senhora das Lágrimas. Aparecida, SP: Editora Santuário, 2023, p. 32-33.

2 CRUCIFICADO, Missionárias de Jesus. Glórias e Poder de Nossa Senhora das Lágrimas. 1ª edição. São Paulo: SP: Editora Imaculada, 2023, p. 102-103.

3 SÊDA, Rita Elisa. Irmã Amália e a devoção a Nossa Senhora das Lágrimas. São Paulo, SP: Editora Imaculada, 2022, p. 144.

4 SÊDA, Rita Elisa (Org.). Devocionário de Nossa Senhora das Lágrimas. Aparecida, SP: Editora Santuário. 2021, p. 26-27.

5 SÊDA, Rita Elisa (Org.). Devocionário de Nossa Senhora das Lágrimas. Aparecida, SP: Editora Santuário, 2021, p. 116. Oração feita por Irmã Amália de Jesus Flagelado.

SEXTA SETENA DAS DORES

Contemplamos a sexta dor de Nossa Senhora: Jesus é sepultado.

Iniciemos traçando sobre nós mesmos, com fé e confiança, o sinal da cruz:

– **Em nome do Pai, e do Filho e do Espírito Santo.**

Façamos nosso oferecimento diário a Nossa Senhora das Lágrimas.

Oferecimento diário da alma escrava de Maria[1]

Lembrai-vos, ó Mãe querida,
que sou vossa escrava,
que só aspira dar-vos prazer
e contentar vosso magnânimo coração.

Renovando nesta hora meu oferecimento
de alma escrava, quero lembrar-me
do dever que tenho de vos ser fiel até a morte.
Amém.

Meditemos na palavra de Deus, que é luz para nossos passos. Deixemo-lo ressoar em nosso coração.

Palavra de Deus

"Estavam ali também algumas mulheres, que olhavam de longe. Entre elas estavam Maria Madalena, Maria, mãe de Tiago, o Menor, e de José, e Salomé, que o seguiam e estavam a seu serviço quando ele se achava na Galileia. E muitas outras ainda que tinham subido com ele a Jerusalém. Caindo a tarde e como era a preparação da Páscoa, quer dizer, a véspera do sábado, José de Arimateia, membro importante do Conselho, que também esperava o Reino de Deus, teve a coragem de ir até Pilatos e pediu o corpo de Jesus. Pilatos admirou-se de que ele já estivesse morto e, chamando o centurião, perguntou se ele já tinha morrido há muito tempo. Informado pelo centurião, mandou entregar o corpo a José. Este, comprando um lençol, desceu Jesus da cruz e, envolvendo-o no lençol, colocou-o em um sepulcro escavado na rocha. Depois rolou uma pedra na entrada do sepulcro. Maria Madalena e Maria, mãe de José, estavam observando onde ele foi colocado" (Evangelho de Marcos 15,40-47).

Meditemos sobre a sexta dor de Nossa Senhora. Ouçamos a Virgem Maria e nos unamos a ela em suas dores.

Meditação sobre a sexta dor de Nossa Senhora[2]

Amados filhos, vou, hoje, mostrar-vos minha sexta dor, quando na cruz vi uma lança atravessar o coração santíssimo de meu adorável filho e depois o depositarem em meus braços, não cândido e belo como em Belém... ah, não! Tive de recebê-lo morto e todo chagado, parecendo-me mais um leproso do que aquele adorável e encantador menino, que tantas vezes o tinha apertado em meu coração!

Vede se há dor semelhante a essa?

Com minha alma imersa na mais profunda dor, vi Longuinho atravessar o peito sagrado do filho, que tanto amava, e sem poder dizer palavra! O martírio de meu coração e de minha alma fizeram-me derramar copiosas lágrimas, por ver tanta ignomínia e tanta perfídia contra a bondade infinita!

Quem poderá medir o martírio dessa hora? Não há criatura capaz de compreender o que então sofri! Só Deus pode compreender o martírio, que nessa hora me ia na alma e no coração!

Amados filhos, se eu tanto sofri, não serei capaz de compreender vossos sofrimentos? Certamente sim. Por que, então, em vez de recorrerdes a mim com mais confiança, esquecidos de mim, andais atrás só de quem tem menos valor do que eu diante do Altíssimo?

Ó filhos meus, porque muito sofri, muito me foi dado! Vede como é precioso o sofrimento! Se eu não tivesse sofrido tanto, digo-vos que em verdade não teria os tesouros do paraíso em minhas mãos.

Essa imensa dor, por ver traspassar o coração de Jesus por uma lança, conferiu-me o poder de introduzir todos que a mim recorrerem nesse amável coração. E, se não houvesse sofrido tanto, não poderia, hoje, dizer-vos esta consoladora palavra: "Vinde a mim, porque eu posso vos introduzir no coração santíssimo de Jesus Crucificado!" Vede que consoladora palavra! Porém, para isso, foi preciso que eu tanto sofresse ao pé da Cruz!

Vede como o sofrimento é sempre um bem para a alma. Ó almas que sofreis, regozijai-vos comigo, eu que fui a segunda mártir do Calvário! Minha alma e meu coração participaram das penas do Salvador: conforme a vontade do Altíssimo, para reparar o que a primeira mulher tinha feito! Jesus foi o novo Adão, e eu, a nova Eva, livrando assim a humanidade do cativeiro no qual se achava presa.

Filhos meus, bendizei minhas penas, porque elas armazenaram para vossas almas riquezas incomensuráveis. Posso vos dizer agora: "Sou vossa Mãe, porque me custastes muitas penas... Sou vossa Mãe, porque, sofrendo por vós, posso-vos introduzir no coração de Jesus, morada de amor e de eterna felicidade!"

Como sois bem-aventurados, filhos meus, por terdes uma Mãe que vos possa introduzir no coração santíssimo de Jesus Crucificado!

Para corresponderdes, porém, a tanto amor, sede muito confiante em mim, não vos afligindo nas contrariedades de vossa vida; ao contrário, confiai-me todos os vossos receios, temores e todas as vossas penas, porque eu sou vossa Mãe e como tal sei consolar os aflitos, sei dar em abundância os tesouros do coração santíssimo de Jesus Crucificado, que a todos deseja beneficiar! Portanto todos vós que chorais não mais vos aflijais, porque não sois órfãos, tendes uma Mãe que sabe ser Mãe!

Não vos esqueçais, filhos meus, de meditardes nessa minha imensa dor, quando estiverdes sem força para carregar vossa cruz. Em verdade vos declaro que, se nela meditardes, achareis força para tudo sofrer por amor daquele que, por vosso amor, sofreu em uma dura Cruz a mais ignominiosa das mortes.

Rezemos agora a Coroa das Lágrimas. Pelas Lágrimas de Maria, alcançamos junto a Jesus inúmeras graças. Foi Ele próprio que disse à Irmã Amália, em uma de suas revelações: "Minha filha, tudo o que os homens me pedirem pelas lágrimas de minha Mãe, sou obrigado amorosamente a dar"[3].

Coroa das Lágrimas[4]

Oração inicial

Eis-nos aqui a vossos pés, ó dulcíssimo Jesus Crucificado, para vos oferecermos as lágrimas d'Aquela que, com tanto amor, acompanhou-vos no caminho doloroso do Calvário. Fazei, ó bom Mestre, que nós saibamos aproveitar da lição que elas nos dão, para que, na terra, realizando vossa santíssima vontade, possamos um dia, no céu, louvar-vos por toda a eternidade.

Nas contas brancas (que separam os grupos de 7)

Vede, ó Jesus, que são as lágrimas d'Aquela que mais vos amou na terra e que mais vos ama no céu.

Nas contas brancas (grupos de 7)

Meu Jesus, ouvi nossos rogos, pelas Lágrimas de vossa Mãe Santíssima.

No fim, repete-se três vezes, nas três contas brancas finais

Vede, ó Jesus, que são as Lágrimas d'Aquela que mais vos amou na terra e que mais vos ama no céu.

Oração final

Virgem Santíssima e Mãe das Dores, nós vos pedimos que junteis vossos rogos aos nossos, a fim de que Jesus, vosso divino filho, a quem nos dirigimos em nome de vossas lágrimas de Mãe, ouça nossas preces e nos conceda, com as graças que desejamos, a coroa da vida eterna. Amém.

Jaculatórias finais (para rezar contemplando e beijando a medalha)

– Por vossa mansidão divina, ó Jesus Manietado, salvai o mundo do erro que o ameaça!

– Ó Virgem Dolorosíssima, vossas Lágrimas derrubaram o império infernal!

Por alguns instantes, façamos nosso exame de consciência e, em seguida, rezemos com fé a Ladainha em favor dos pecadores.

Ladainha em favor dos pecadores

Doce Maria, Mãe de Jesus, dai-nos o coração manso e humilde de Jesus, para conduzir ao paraíso os corações endurecidos dos pobres pecadores.

Doce Maria, dai-nos vossa paciência, para salvar os pecadores.

Doce Maria, dai-nos vossa humildade, para reerguer os pecadores.

Doce Maria, dai-nos vossa delicadeza, para conduzir a Jesus os corações coléricos.

Doce Maria, dai-nos vossas maneiras delicadas, para edificar os grosseiros.

Doce Maria, dai-nos vossa voz melodiosa, para amansar os corações cheios de ira.

Doce Maria, dai-nos vossa indulgente caridade, a fim de a todos os que nos ofenderem com palavras ásperas respondermos, com um doce sorriso.

Doce Maria, dai-nos vossos desejos de auxiliar a todos, para que, como vós, desejemos a todos fazer o bem.

Doce Maria, dai-nos vossa generosidade, para nós nos sacrificarmos, como vós, em favor dos pobres pecadores.

Antes de concluirmos nosso momento de oração rezemos a Maria.

Oração a Maria, nossa Mãe[5]

Somos vossas filhas, ó Maria,
por isso, com prazer, nós vos chamamos Mãe,
nossa Mãe.
Dai-nos, ó Mãe querida,
vossas lágrimas benditas, que, como orvalho
preciosíssimo,
para vos entregarmos nossos corações,
ofertareis a Jesus,
vosso Divino Filho,
que por nós morreu em dura Cruz.
Ó Mãe bendita, Senhora das Lágrimas,
vossas Filhas, com amor, saúdam-vos.
Neste dia, dai-nos vosso amor
para podermos amar a Jesus.
Virgem Santa, lírio de pureza,
dai-nos vossa bênção,
e alegres cantaremos vossas mercês.
Somos vossas filhas, com amor vos suplicamos,

levai-nos a Jesus, que é todo amor e misericórdia.
Cantemos todos, com alegria,
Maria é nossa Mãe, que é todo amor.
Cantemos todas à porfia: "Maria é nossa Mãe".
Amém.

Concluamos nossa setena deste dia traçando, com fé e confiança, o sinal da cruz. Agradeçamos a Nossa Senhora das Lágrimas as bênçãos e graças alcançadas junto a Jesus.

Compromisso espiritual

Rezemos três Ave-Marias em honra a Nossa Senhora em reparação das dores de seu Imaculado Cor

Referências

1 SÊDA, Rita Elisa (Org.). Consagração a Nossa Senhora das Lágrimas. Aparecida, SP: Editora Santuário, 2023, p. 32-33.

2 CRUCIFICADO, Missionárias de Jesus. Glórias e Poder de Nossa Senhora das Lágrimas. 1ª edição. São Paulo: SP: Editora Imaculada, 2023, p 104-105.

3 SÊDA, Rita Elisa. Irmã Amália e a devoção a Nossa Senhora das Lágrimas. São Paulo, SP: Editora Imaculada, 2022, p. 144.

4 SÊDA, Rita Elisa (Org.). Devocionário de Nossa Senhora das Lágrimas. Aparecida, SP: Editora Santuário, 2021, p. 26-27.

5 SÊDA, Rita Elisa (Org.). Devocionário de Nossa Senhora das Lágrimas. Aparecida, SP: Editora Santuário, 2021, p. 116. Oração feita por Irmã Amália de Jesus Flagelado.

SÉTIMA SETENA DAS DORES

Contemplamos a sétima dor de Nossa Senhora: o sepultamento de Jesus.

Iniciemos traçando sobre nós mesmos, com fé e confiança, o sinal trinitário:

– **Em nome do Pai, e do Filho e do Espírito Santo.**

Neste último dia da setena, façamos nosso oferecimento diário a Nossa Senhora das Lágrimas.

Oferecimento diário da alma escrava de Maria[1]

Lembrai-vos, ó Mãe querida,
que sou vossa escrava,
que só aspira dar-vos prazer

e contentar vosso magnânimo coração.
Renovando nesta hora meu oferecimento
De alma escrava, quero lembrar-me
do dever que tenho de vos ser fiel até a morte.
Amém.

Ouçamos o que Deus tem a nos dizer meditando em sua palavra.

Palavra de Deus

"Ora, um membro do Conselho, homem bom e justo, chamado José, não havia concordado com a decisão nem com os atos dos outros. Era originário de Arimateia, cidade da Judeia, e esperava o Reino de Deus. Foi ter com Pilatos e pediu o corpo de Jesus. Descendo-o da cruz, envolveu-o em um lençol e o depositou em um sepulcro cavado na rocha, onde ninguém tinha sido ainda colocado. Era o dia da Preparação da Páscoa e já estava para começar o sábado. No entanto, as mulheres que tinham vindo da Galileia com Jesus acompanharam José e observaram o sepulcro e como o corpo de Jesus fora nele depositado. Voltaram e prepararam aromas e perfumes. E, no sábado, observaram o repouso conforme o preceito" (Evangelho de Lucas 23,50-56).

Meditemos hoje sobre a sétima dor de Nossa Senhora. Acolhamos suas dores em nosso coração e façamos desta meditação nossa oração.

Meditação sobre a sétima dor de Nossa Senhora[2]

Amados filhos, vou mostrar-vos minha sétima dor, quando tive de deixar sepultado meu adorável Filho.

A quanta humilhação meu adorável filho se sujeitou, deixando-se sepultar, sendo Ele o mesmo Deus!

Minha alma, imersa em dor profunda, contemplava, naquele momento lúgubre, a mais humilhante cena que pôde existir para um Deus!

Vede até que ponto chegou a humildade de Jesus, submetendo-se à própria sepultura, embora para, depois glorioso, ressuscitar dentre os mortos! Sim, depois de ter-se humilhado ao extremo, mostrando às almas, com seu exemplo, a humildade, não poupou a si nem a mim, para vos ensinar essa vereda pela qual se sobe ao paraíso.

Bem sabia Jesus quanto eu ia sofrer vendo-o sepultado: porém não me poupou, quis que eu também fosse participante em sua infinita humilhação! Ó almas que temeis a humilhação, vede até que ponto chegou a humilhação de vosso Deus e a de sua Mãe! Sim, nós tanto nos humilhamos, porque esse é o caminho seguro que conduz à pátria. Enquanto o caminho das honras e dos prazeres conduz ao inferno, o caminho da santa humildade conduz à morada de Deus. Vede como Deus amou a humilhação, vede-o no sepulcro dos santos tabernáculos até o fim do mundo a esconder sua majestade e seu esplendor!

Na verdade, o que vedes nesses sepulcros? Apenas uma Hóstia Branca e nada mais! Sim, Ele aí esconde seus fulgores debaixo dessa lousa branca, as espécies de pão!

Ó maravilha! Ó sublimidade encantadora da santa humildade, que tanto eleva o coração do homem! Em verdade vos digo que, se Jesus a tanto não se humilhasse até o fim dos séculos, não o admiraríeis tanto!

Vede como a humildade não rebaixa o homem, pois Deus se humilhou até a sepultura e não deixou de ser Deus; ao contrário, deu a seu coração um novo título: "Bom". Sim, foi sua bondade em favor dos homens que o fez assim se humilhar, para nos mostrar, com seu exemplo, o caminho seguro de nossa salvação eterna! Ó benditas humilhações de Jesus! Ó benditas horas em que eu, vossa Mãe, ao lado do filho amado, pude contemplar o quanto Ele vos amava, porque muito se humilhou!

Amados filhos, amor com amor se paga. Se quereis corresponder às finezas de Jesus, mostrai-lhe que o amais, não com os lábios, mas sim desejando serdes humilhados por seu amor, como Ele e eu o fomos por vosso amor! É nas humilhações que mostrareis a Jesus vosso amor.

Se desejardes as humilhações, realmente amais a Deus, mas, se com elas vos entristecerdes, em verdade estais ainda muito fracos no amor de Jesus. Por minhas penas, suplico-vos: desejai a humilhação, porque essa vos purifica de toda e qualquer imperfeição, e, desprendendo-vos deste mundo, isso vos faz desejar o paraíso.

Vede o que me aconteceu depois que meu adorável filho subiu ao céu. Suspirava por esse mesmo céu, onde o pudesse ver sem véus, o mesmo Deus. Até que um dia meu coração, não podendo mais conter o amor que nele se achava, voou para o paraíso, porque a terra era muito pequena para conter o amor de meu coração!

Amados filhos, mostrei-vos minhas dores, não para me queixar, mas somente para vos mostrar, por meio delas, as virtudes que deveis praticar, para um dia, a meu lado e ao lado de Jesus, gozardes para sempre da glória imortal, recompensa das almas generosas que, neste mundo, a minha imitação, souberam morrer para si, vivendo só para Deus!

Vossa Mãe vos abençoa e vos convida a muitas vezes meditardes nestas palavras ditadas, somente porque vos ama.

Antes de rezarmos a Coroa das Lágrimas, lembremo-nos, mais uma vez, do que Jesus disse à Irmã Amália, em uma de suas revelações: "Minha filha, tudo o que os homens me pedirem pelas lágrimas de minha Mãe, sou obrigado amorosamente a dar"[3].

Coroa das Lágrimas[4]

Oração inicial

Eis-nos aqui a vossos pés, ó dulcíssimo Jesus Crucificado, para vos oferecermos as lágrimas d'Aquela que, com tanto amor, acompanhou-vos no caminho doloroso do Calvário. Fazei, ó bom Mestre, que nós saibamos aproveitar da lição que elas nos dão, para que, na terra, realizando vossa santíssima vontade, possamos um dia, no céu, louvar-vos por toda a eternidade.

Nas contas brancas (que separam os grupos de 7)

Vede, ó Jesus, que são as lágrimas d'Aquela que mais vos amou na terra e que mais vos ama no céu.

Nas contas brancas (grupos de 7)

Meu Jesus, ouvi nossos rogos, pelas Lágrimas de vossa Mãe Santíssima.

No fim, repete-se, três vezes, nas três contas brancas finais

Vede, ó Jesus, que são as lágrimas d'Aquela que mais vos amou na terra e que mais vos ama no céu.

Oração final

Virgem Santíssima e Mãe das Dores, nós vos pedimos que junteis vossos rogos aos nossos, a fim de que Jesus, vosso divino filho, a quem nos dirigimos em nome de vossas lágrimas de Mãe, ouça nossas preces e nos conceda, com as graças que desejamos, a coroa da vida eterna. Amém.

Jaculatórias finais
(para rezar contemplando e beijando a medalha)

– Por vossa mansidão divina, ó Jesus Manietado, salvai o mundo do erro que o ameaça!

– Ó Virgem Dolorosíssima, vossas Lágrimas derrubaram o império infernal!

Neste último dia, façamos mais uma vez nosso exame de consciência. Quais foram nossos progressos espirituais ao longo desses dias da setena? O que precisamos melhorar? Agradeçamos a Deus os crescimentos espirituais e lhe peçamos perdão pelos retrocessos. Em seguida rezemos a Ladainha em favor dos pecadores e lembremo-nos de que também nós somos pecadores.

Ladainha em favor dos pecadores

Doce Maria, Mãe de Jesus, dai-nos o coração manso e humilde de Jesus, para conduzir ao paraíso os corações endurecidos dos pobres pecadores.

Doce Maria, dai-nos vossa paciência, para salvar os pecadores.

Doce Maria, dai-nos vossa humildade, para reerguer os pecadores.

Doce Maria, dai-nos vossa delicadeza, para conduzir a Jesus os corações coléricos.

Doce Maria, dai-nos vossas maneiras delicadas, para edificar os grosseiros.

Doce Maria, dai-nos vossa voz melodiosa, para amansar os corações cheios de ira.

Doce Maria, dai-nos vossa indulgente caridade, a fim de a todos os que nos ofenderem com palavras ásperas respondermos, com um doce sorriso.

Doce Maria, dai-nos vossos desejos de auxiliar a todos, para que, como vós, desejemos a todos fazer o bem.

Doce Maria, dai-nos vossa generosidade, para nós nos sacrificarmos, como vós, em favor dos pobres pecadores.

À Santíssima Virgem Maria elevemos nossa oração.

Oração a Maria, nossa Mãe[5]

Somos vossas filhas, ó Maria,
por isso, com prazer, nós vos chamamos Mãe,
nossa Mãe.
Dai-nos, ó Mãe querida,
vossas lágrimas benditas, que, como orvalho
preciosíssimo,
para vos entregarmos nossos corações,
ofertareis a Jesus,
vosso Divino Filho,
que por nós morreu em dura Cruz.
Ó Mãe bendita, Senhora das Lágrimas,
vossas filhas, com amor, saúdam-vos,
neste dia. Dai-nos vosso amor
para podermos amar a Jesus.
Virgem Santa, lírio de pureza,
dai-nos vossa bênção,
e alegres cantaremos vossas mercês.
Somos vossas filhas, com amor vos suplicamos,

levai-nos a Jesus, que é todo amor e misericórdia.
Cantemos todos, com alegria,
Maria é nossa Mãe, que é todo amor.
Cantemos todas à porfia: "Maria é nossa Mãe".
Amém.

Concluamos nossa setena de Nossa Senhora das Lágrimas agradecendo-lhe as graças alcançadas nesses dias de oração. Concluamos este momento orante traçando sobre nós mesmos o sinal da cruz.

Compromisso espiritual

Rezemos hoje pelas almas dos falecidos e, de modo particular, pelas almas do purgatório.

Referências

1 SÊDA, Rita Elisa (Org.). Consagração a Nossa Senhora das Lágrimas. Aparecida, SP: Editora Santuário, 2023, p. 32-33.

2 CRUCIFICADO, Missionárias de Jesus. Glórias e Poder de Nossa Senhora das Lágrimas. 1ª edição. São Paulo: SP: Editora Imaculada, 2023, p. 105-107.

3 SÊDA, Rita Elisa. Irmã Amália e a devoção a Nossa Senhora das Lágrimas. São Paulo, SP: Editora Imaculada, 2022, p. 144, 2022.

4 SÊDA, Rita Elisa (Org.). Devocionário de Nossa Senhora das Lágrimas. Aparecida, SP: Editora Santuário, 2021, p. 26-27.

5 SÊDA, Rita Elisa (Org.). Devocionário de Nossa Senhora das Lágrimas. Aparecida, SP: Editora Santuário, 2021, p. 116. Oração feita por Irmã Amália de Jesus Flagelado.

ORAÇÕES

Escritas por Irmã Amália de Jesus Flagelado

Oração a nossa Senhora das Lágrimas[1]

Ó Mãe Dolorosíssima,
na verdade, sois tão carinhosa!
Sabeis consolar os que choram!
Por esse motivo, é que hoje a vós recorro,
implorando vossa maternal bondade!
Quem me valerá, se vós me desamparardes?
Ó Mãe querida, vós bem sabeis
que eu não quero fugir da cruz;
o que vos peço, nesta hora de aflição,
é que não me abandoneis nas mãos
de meus inimigos infernais,

que querem me tirar a paz e a tranquilidade de minha alma!
Vede que me faltam as forças!
Vós, porém, que sois tão poderosa e esmagastes a cabeça do inimigo,
triunfai nesta hora, sacudi este jugo terrível,
que me quer afastar da intimidade
de vosso Divino Filho!
Ó Maria, sede sempre meu refúgio.
Ó Maria, jamais me abandoneis
para que um dia possa cantar vossas misericórdias,
proclamando mesmo neste exílio:
Maria é meu sustentáculo,
Maria é minha força!
Amém.

Oferecimento dos escravos de Maria[2]

Dulcíssima Rainha, Mãe nossa, hoje, que temos a ventura de vos coroar como Rainha e Soberana de nossa humilde Congregação, prostrada diante de vosso altar, nós vos queremos homenagear, entregando-vos o que nos é mais caro: nossa liberdade. Queremos, ó Rainha dulcíssima, por nossa livre e espontânea vontade, entregar-nos como escravas vossas, porque, sendo vossas, somos de vosso amado Filho, nosso Esposo, a quem juramos fidelidade eterna.

Sim, ó dulcíssima Rainha, Mãe amável, bendita entre todas as mulheres, como escravas nada vos pedimos; podeis dispor de nós como vos agradar. Escravas que somos, nós não esperamos ser remuneradas: todo prazer para vós, e nada para nós.

Sim, ó Mãe dulcíssima, tudo o que é nosso é vosso: por amor somente é que vos desejamos servir.

Dia venturoso para nossas almas este, em que temos a felicidade inaudita de nos entregarmos a vós sem reserva, sem nada esperarmos a não ser loucamente vos amar e, por amor de vós, sofrer todas as contrariedades da vida e nunca contarmos ser aliviadas neste vale de prantos, mas sim, a vossa imitação, repetir: "Assim como minha Mãe subiu o caminho do Calvário, eu também devo subi-lo com generosidade e sem nada esperar". Fazer tudo, ó minha Mãe, por amor, eis a perfeição à qual devo aspirar constantemente.

Quem consolação ainda espera está no número das almas fracas!

Ó minha Mãe, dai-me a loucura da Cruz! A vossa imitação, quero subir o caminho do Calvário. Neste dia tão venturoso, eu me entrego como vossa escrava. Dai-me a graça de vos amar sem medida e sem nada esperar.

Louvor e glória sejam dados ao Deus das misericórdias.

Oração pelo clero[3]

Deixai, ó Jesus, que, em vosso coração eucarístico, deposite nossas mais ardentes preces por nosso clero.

Multiplicai as vocações sacerdotais em nossa pátria; atraí a vosso altar os filhos de nosso Brasil; chamai-os com insistência para vosso ministério.

Conservai, na perfeita fidelidade a vosso serviço, aqueles a quem já chamastes para tão alta dignidade; afervorai-os, purificai-os, santificai-os, não permitindo que se afastem do espírito de vossa Igreja.

Não consintais, ó Jesus, nós vos suplicamos, que, debaixo do céu brasileiro, sejam, por mãos indignas, profanados vossos mistérios de amor. Também vos pedimos com instância: deixai que a misericórdia de vosso coração vença vossa justiça divina em favor daqueles que recusaram a honra da vocação sacerdotal, ou desertaram das fileiras sagradas!

Que nossos sacerdotes, por sua ciência, sejam verdadeira luz para nossas almas e que, por seu zelo, sejam sal vivo para nossos corações sequiosos de virtude.

Atendei, ó Jesus, a esta insistente oração que fazemos em favor do clero, apresentando para isso o valor das benditas Lágrimas de Maria Santíssima, Mãe dos sacerdotes.

Ó Maria, a vosso coração confiamos nosso clero; guiai-o, protegei-o, salvai-o para honra de vosso divino filho e proveito das almas regeneradas por seu precioso sangue.

Referências

1 FLAGELADO, irmã Amália de Jesus. Glórias e Poder de Nossa Senhora das Lágrimas, 1934, p. 11-12. Escrita em 02/01/1930.

2 CRUCIFICADO, Missionárias de Jesus. Glórias e Poder de Nossa Senhora das Lágrimas. 1ª edição. São Paulo: SP: Editora Imaculada, 2023, p. 161-162.

3 CRUCIFICADO, Missionárias de Jesus. Glórias e Poder de Nossa Senhora das Lágrimas. 1ª edição. São Paulo: SP: Editora Imaculada, 2023, p. 163-164.

ORAÇÕES

Escritas por Pe. Flávio Sobreiro

Oração para rezar antes da Coroa das Lágrimas

Virgem Santíssima das Lágrimas,
de coração contrito e confiante,
em tua santa intercessão,
preparo-me espiritualmente
para rezar a Coroa de tuas Lágrimas Benditas.
Que, a cada conta de brancas pérolas,
minha alma seja revestida
de Misericórdia, Amor e Dor!
Misericórdia, porque és a Mãe da Divina Misericórdia.
E, junto do trono do Altíssimo, estás rogando por mim

e pelas intenções que te apresento.
Amor, porque me recordas de teu grande amor por mim e por toda a humanidade.
Dor, porque não choraste apenas a dor de ver teu filho,
Nosso Senhor Jesus Cristo, em estado tão lastimoso, mas também porque tuas Lágrimas Benditas foram derramadas por cada homem que, com o coração endurecido,
não queria ouvir teu Divino Filho.
Ao rezar e contemplar tua Misericórdia,
teu Amor e tua Dor, que eu seja agraciado,
segundo a vontade de Jesus,
por tuas Lágrimas Benditas e santa intercessão,
com as graças que me sejam mais necessárias para o tempo presente.
Amém.

Oração para rezar após a Coroa das Lágrimas

Sou grato, Nossa Senhora das Lágrimas,
por me presenteares, por meio de Jesus,
teu amado Filho,

com o tesouro da Coroa de tuas Lágrimas Benditas.
Com fé e devoção singular,
confio em tua amorosa intercessão.
Por tuas Lágrimas Santas,
Jesus irá me atender,
segundo minha necessidade
e a necessidade daqueles por quem orei.
Ao concluir esta oração,
peço-te, humildemente,
que me faças um apóstolo de tuas Lágrimas,
para que o mundo possa conhecer
teu grande amor por teus filhos devotos.
Amém.

Oração a Nossa Senhora das Lágrimas para momentos de aflição

Santíssima Virgem Maria,
Senhora das Lágrimas
e Mãe dos aflitos,
a vós recorro,
na confiança de que, por vossas
santas e benditas Lágrimas,
Jesus Cristo, vosso Filho e Senhor nosso,

irá atender vossos rogos em meu favor.
Em minhas aflições,
cobri-me com vosso manto azul de amor,
acalentando minha alma,
com a certeza de que vossa maternal proteção
me abriga e me conforta,
acalma-me e me ilumina.
Nos invernos da vida,
espirituais e temporais,
aquecei-me com vosso amor e amparo
e protegei-me contra os ataques
do inimigo,
para que minha fé
não se apague com os ventos contrários
do império infernal.
Amém.

Oração de consolação a Nossa Senhora das Lágrimas

Mãe Santíssima das Lágrimas,
abriga-me debaixo de teu santo
e bendito manto azul,
e seja ele meu doce consolo e segura proteção:

nas tribulações e provações,
nas enfermidades e nos perigos,
nas decepções e aflições.
Mãe querida,
que derramaste Lágrimas de Misericórdia,
de Amor e de Dor,
aos pés da Cruz, vendo teu filho e nosso salvador,
derramando seu precioso sangue
para nos salvar,
auxilia-me a também chorar meus pecados,
que ainda hoje ferem o Santíssimo Corpo de Cristo.
Inspira-me a reconhecer, com dor e repugnância,
os erros que me afastam dos caminhos de Deus.
Cubra-me com teu manto, recolhe meus arrependimentos
e os apresenta a Jesus, para que:
minha dor o console com amor;
meu arrependimento seque as gotas de sangue,
que ainda jorram diante de minhas mazelas.
Embaixo de teu manto, refugio-me
e nele desejo sempre estar.
Quero, com minha humildade,
pequenez e singela devoção, também vos consolar,
Virgem da Misericórdia, do Amor e da Dor.
Amém.

Oração de entrega a Nossa Senhora das Lágrimas

Com filial confiança,
a ti me entrego,
querida e doce, sempre terna,
Senhora das Lágrimas.
Tu mesmo prometeste
a tua amada filha,
Irmã Amália de Jesus Flagelado,
fazer por nós o que não soubermos fazer.
Tu bem sabes, Mãe Santíssima,
que sou tão pequeno e limitado,
diante dos desafios e das turbulências,
que furtam a paz e me causam medo e pavor.
Diante de tua infinita grandeza e bondade,
eu me coloco em teu colo como filho,
que confia nos cuidados de uma mãe.
Por isso me entrego a teus braços maternais:
cuida de mim com o mesmo amor
com que cuidou do Menino Jesus.
Toma-me pelas mãos,
para que eu não tropece nas pedras do erro
e não caia, ferindo-me
e manchando, com o sangue de meus pecados,

teu Manto Imaculado, alvejado de pureza e luz.
A Ti me entrego,
pois sei que, assim como cuidou
da Irmã Amália de Jesus Flagelado,
fazendo dela uma servidora dedicada
aos planos de Deus,
também de mim irás cuidar
e me guiarás sempre mais nos caminhos
de Jesus.
Amém!

Oração a Nossa Senhora das Lágrimas para quem perdeu a esperança

Nossa Senhora das Lágrimas,
Mãe Santíssima e Senhora das Dores,
que, com confiança e amor, esperou
um dia encontrar vosso Amado Filho
e Nosso Senhor Jesus Cristo no paraíso
e por Ele ser coroada,
como Rainha do céu e da terra.
Com essa mesma santa esperança,
que vos animou

nos exílios da vida terrena,
venho até vós
suplicar que, junto a Jesus,
intercedei para que a esperança em minha alma,
que tantas vezes desfalece,
em meio às tempestades e turbulências da vida,
ajude-me buscar
a vontade divina e trilhar o caminho da santidade.
Mãe Amada,
que, por vossas Santas e Benditas Lágrimas,
Jesus acolha, em sua Misericórdia Divina,
o buquê de intenções,
que, como delicadas rosas de amor,
oferecidas em meu favor,
depositais aos pés de vosso Divino Filho.
Nos momentos de tristeza:
concedei-me esperança de dias melhores.
Nas angústias e aflições:
iluminai minha alma com a esperança
da consolação.
Na solidão:
regai o solo ressequido de meus dias,
com o orvalho da esperança,
que faz germinar a semente da fé.
Amém!

Oração de reparação às dores de Nossa Senhora das Lágrimas

Mãe das Dores, Senhora das Lágrimas,
humildemente me coloco diante de ti,
que sofreste as mais terríveis dores na alma
vendo teu filho e Nosso Senhor
sofrer humilhações e ultrajes
no caminho do calvário e na cruz ser pregado.
Mãe amada, sei que tuas dores não foram em vão,
pois teus sofrimentos e sacrifícios também
foram em meu favor e de toda a humanidade.
Tua maternal bondade fez tantos sacrifícios
por mim,
e, muitas vezes, esqueço-me dessa tua santa virtude.
Aceita esta consolação que te ofereço
em rosas de oração,
que florescem nos belos canteiros
do jardim de minh'alma.
Senhora das Dores,
cujas Lágrimas de Misericórdia, de Amor e de Dor
caíram aos pés da Cruz, onde Jesus, Nosso Salvador,
derramava seu Santíssimo Sangue para nos salvar,

aceita esta singela consolação
de amor e reparação por tuas dores e teus sofrimentos.
Tuas Lágrimas banharam de amor
as santas chagas de Nosso Senhor,
e, por tuas Lágrimas Benditas,
posso, por tua intercessão, estar mais unido a Ele.
Por isso te louvo,
como a Mãe das Dores e Senhora das Lágrimas,
que me ensinas a seguir teu filho Jesus,
na dor e no amor.
Amém!

Oração a Nossa Senhora das Lágrimas para pedir a virtude da pureza

Mãe Santíssima, Nossa Senhora das Lágrimas,
branca açucena da Santíssima Trindade,
a qual os anjos no céu veneram,
venho humildemente pedir-te
que tua Santa Pureza
seja para mim uma divina inspiração
no caminho da santidade.
Concede-me a graça de viver

essa virtude tão querida por Deus.
Teu filho Jesus e Nosso Senhor,
chamou os puros de bem-aventurados!
Ajuda-me a viver, a cada dia de minha vida,
essa santa e bem-aventurança celestial.
Por seres tão pura,
Deus te escolheu por Mãe
e a São José, como pai nutrício de Jesus.
Essa mesma pureza levou São João
a reclinar a cabeça sobre o peito sagrado de Jesus.
Ajuda-me a viver essa santa virtude
tão amada e querida por Deus.
Assim como em Deus tudo é puro,
que minha vida seja também essa pureza divina,
assim como foi a tua, a de São José
e a de tantos outros santos.
Auxilia-me a ser puro como os anjos
e humilde como os santos.
Amém!

Oração a Nossa Senhora das Lágrimas para santificar o trabalho

Santíssima Senhora das Lágrimas Benditas,
que com amor filial serviste a Deus,
nos trabalhos mais simples e humildes,
ensina-me, por teu exemplo,
a fazer de meus trabalhos cotidianos
uma fonte perene de santificação.
Em cada serviço que realizava,
jamais interrompia a oração,
pois estava sempre unida ao Pai.
Ajuda-me a manter a serenidade
que resplandecia em tua alma Imaculada,
para que os contratempos
não furtem meu coração do amor de Jesus.
Que em tudo o que eu fizer possa louvar a Deus,
assim como a Senhora o louvava,
pela ação do Espírito Santo.
Mãe das Lágrimas,
que o suor de meu trabalho
seja um agradável louvor
que console o Sagrado Coração de Jesus,
tão humilhado, ultrajado e blasfemado.
Que meu cansaço não seja para mim

motivo de reclamações,
mas sim de agradecimento,
por gozar de saúde e ter um emprego.
Faz de mim um servo fiel também
nos ofícios diários,
para que, ao fim do dia, eu consiga pelo menos
uma Lágrima Bendita de teu rosto santo enxugar.
Amém.

Oração a Nossa Senhora das Lágrimas pedindo o dom da modéstia

Mãe das Lágrimas,
Soberana Rainha do céu e da terra,
venho hoje te pedir que me concedas a graça
de ser tão modesto no vestir, no falar,
no pensar e no agir como a Senhora o foi.
Que meu olhar seja como o teu,
que jamais o levantou a não ser para o céu
e para o trabalho,
que humildemente realizava, louvando a Deus.
Que meu vestir resplandeça a beleza
da pureza e singela que sempre foi,
uma branca açucena da Santíssima Trindade.

E que, ao me vestir, eu agradeça a Deus
a graça de ter com que cobrir
e seja caridoso praticando gestos de caridade
com todos aqueles que nada tem para vestir.
Que meus modos e minha postura sejam tão suaves
e delicados como os teus,
para que todos os que me observarem
possam ver, resplandecendo em meus gestos,
a delicadeza de tua ternura divina.
Amém!

Oração a Nossa Senhora das Lágrimas para momentos de desespero

Mãe das Lágrimas e Senhoras das Dores,
de coração contrito e alma aflita,
venho colocar-me debaixo de teu manto de amor:
cubra-me de paz
e acalenta-me com tua maternal proteção.
Com confiança recorro a tua intercessão
junto a Jesus, Rei do Universo
e Príncipe da Paz.
Conduze-me a Jesus em meio a esta tempestade,

ÍNDICE

Oração de Nossa Senhora das Lágrimas para proteção espiritual

Senhora das Lágrimas,
a ti recorremos, com amor filial,
e pedimos, com fé e confiança,
que intercedas junto a Jesus Manietado,
teu amado filho e Nosso Senhor,
para que sejamos livres
de todas as forças maléficas
do império infernal.
Afasta de nós tudo aquilo
que tenta nos prejudicar
e roubar nossa paz interior.
Livra-nos das ciladas do inimigo!
Que todo mal, que tenta
de nós se aproximar,
seja reduzido a pó
sob teus santos e imaculados pés.
Passa na frente, Senhora das Lágrimas,
e sê nosso escudo espiritual
contra as forças do mal.
Amém!

Intercede pelos pobres e desvalidos,
pelos enfermos e desempregados,
pelas vocações sacerdotais,
religiosas, pelos leigos.
Protege a Igreja,
o Papa, os Bispos, o clero,
os diáconos e todos nós,
povo de Deus,
que neste dia nos consagramos
a teu amor maternal.
Conduze a Jesus os que nos governam
e reconduze ao bom caminho
os que perambulam pelo
vale da sombra da morte.
Soberana Rainha,
a ti consagramos nosso país,
para que a paz reine em nossos lares,
e sejam edificados os Santuários de Nazaré,
onde reinam a misericórdia e o amor.
Amém.

que tem me causado sofrimentos e desespero.
Amada Mãe, sei que a Senhora
é o caminho que leva a Jesus;
por isso me toma pelas mãos
e me conduze até ele.
Sei que não podes retirar de mim a cruz,
que preciso carregar,
pois isso iria contra os planos de Jesus,
mas te peço que me dês forças
para carregá-la a cada dia com amor!
Amém!

Oração a Nossa Senhora das Lágrimas pelo Brasil

Senhora das Lágrimas,
Mãe e Rainha dos brasileiros,
reconhecemos-te como nossa Mãe
e a ti recorremos confiantes,
como filhos submissos e obedientes
às leis da Santa Igreja.
Estende sobre nosso país
teu manto protetor
e livra-nos do império infernal.